U0727471

新媒体环境下高校档案文化建设研究

于明霞◎著

哈尔滨出版社
HARBIN PUBLISHING HOUSE

图书在版编目（CIP）数据

新媒体环境下高校档案文化建设研究 /于明霞著.
哈尔滨：哈尔滨出版社， 2025.2. -- ISBN 978-7
-5484-8297-0
Ⅰ. G647.24
中国国家版本馆CIP数据核字第2024FV9360号

书　　名：新媒体环境下高校档案文化建设研究
XINMEITI HUANJING XIA GAOXIAO DANGAN WENHUA JIANSHE YANJIU

作　　者：于明霞　著
责任编辑：孙　迪
封面设计：周一凡

出版发行：哈尔滨出版社（Harbin Publishing House）
社　　址：哈尔滨市香坊区泰山路82-9号　　邮编：150090
经　　销：全国新华书店
印　　刷：捷鹰印刷（天津）有限公司
网　　址：www.hrbcbs.com
E-mail：hrbcbs@yeah.net
编辑版权热线：（0451）87900271　87900272
销售热线：（0451）87900202　87900203

开　　本：787mm×1092mm　　1/16　　印张：10.75　　字数：210千字
版　　次：2025年2月第1版
印　　次：2025年2月第1次印刷
书　　号：ISBN 978-7-5484-8297-0
定　　价：58.00元

凡购本社图书发现印装错误，请与本社印制部联系调换。
服务热线：（0451）87900279

前 言 PREFACE

　　随着信息技术的快速发展，新媒体在社会各领域的影响日益深远。在高校环境中，档案文化不仅是高校的历史记忆和知识宝库，更是高校文化的重要组成部分，它承载着一代代师生的智慧和情感，是高校传统与精神的重要象征。

　　档案文化作为历史与记忆的重要载体，在新媒体技术的推动下，高校档案文化建设不再局限于传统的纸质档案和静态存储，而是逐步走向数字化、网络化和智能化。借助新媒体技术，高校档案能够实现跨时空的展示与传播，打破了传统档案的时间和空间局限，提升了档案的使用效率和影响力。同时，档案文化的表现形式也变得更加多样化和互动化，增强了高校师生与档案的互动，使档案资源在教育、科研和文化传播中的作用愈加凸显。在新媒体时代，档案文化建设不仅仅是技术手段的变革，更是文化传播方式的革新，如何在新媒体环境下有效推进高校档案文化的建设，成为当今高校档案工作面临的重大课题。

　　本书深入研究了高校档案文化建设的理论基础，梳理了高校档案日常管理的新方向和发展趋势。重点探讨了新媒体技术赋予档案文化建设的多样化形式和其在时代背景下的独特价值，并详细分析了新媒体环境下档案文化建设的具体实践路径。在应用层面，本书还介绍了新媒体技术在高校档案管理中的实际应用，以及如何通过数字平台、社交媒体等途径推广与传播档案文化，提升其社会影响力。希望通过本书，能够为高校档案文化的建设与传承贡献一份力量，使高校档案在数字化与新媒体的推动下，焕发出新的活力与价值。

　　本书在编写过程中，搜集、查阅和整理了大量文献资料，在此对学界前辈、同仁和所有为此书编写工作提供帮助的人员致以衷心的感谢。由于编者能力有限，编写时间较为仓促，书中难免有错漏之处，还请广大读者给予指正。

目 录 CONTENTS

第一章

高校档案的基本概念

第一节　高校档案概述

一、高校档案的含义

教学是学校的中心工作。随着教育事业的改革和发展，教学文件、材料日益增多，高校教学评估各项指标日趋完善，教学档案管理尤为重要。教学档案是指在教学管理和教学实践活动中直接形成的且具有保存价值的文字、图表、音像等不同形式的历史记录。教学档案是学校教学工作方针、政策的真实写照，是教学活动和教学研究中不可缺少的依据和参考资料，是了解教学内容、考察学校历史、总结经验教训、改进教学管理、提高教学质量、促进学术交流的信息源。教学档案的建立和完善，对于总结教学经验、探索教学规律、进行教学改革、深化教学研究和提高教学质量，都有十分重要的意义。

高校档案管理工作是衡量学校教育质量和管理水平的重要标准，是学校各种评估工作的重要内容。而教学在学校占据的中心地位，决定了教学档案管理工作在学校档案管理工作中的重要地位。

高校档案是大学师生在长期教学、科研实践活动中创造和积累的知识财富和劳动结晶，其绝大部分是以长期形成的教学规范为基础，在教学管理、教学研究等工作中形成的。高校档案主要形成于教务处和系一级教学单位两个教学管理机构。教务处对全校的教学工作起着统领与指导作用，其一系列活动会产生大量的教务管理文件与资料；系一级教学单位不仅要完成本系各专业教学任务，还要与教务处其他科室相协调，承担有关成人教育、普通教育及各种短训班的教学科研任务，各项教学实践活动会产生大量的信息资源，这就形成了宝贵的教学档案资料。具体地说，教学档案包括教学计划与总结、学术研究、学科建设、教师工作量考试安排、教学大纲、教学日历、学生成绩与学籍、课表及各种规章制度等，它真实地记录了高等学校教学工作的方法和结果。

二、高校档案的特点

（一）固有特点

1. 来源上的分散性

教学档案是由教与学两方面材料转化而来的。从教的方面来看，其材料的来源是十分广泛的。相当一部分形成于学校教育管理业务部门，这部分档案包括上级教育部门的有关教育指导性的文件材料，本校制定的教学规章制度、教学计划、教学总结、招生、学时分配、学籍管理等方面的文件材料。另一部分教学档案则形成于具体组织教学的教研室、教师的教书育人活动中。这部分档案包括有教学总结、教材建设、教案等。从学的方面看，教学档案也来自方方面面。它既包括学生在学习过程中所形成的材料，又包括学生将所学知识应用于实践活动中所形成的材料，如成绩表、论文、实习报告、毕业鉴定等文件材料。总之，由于教与学既相对独立，又相互统一，因此教与学二者之间相互渗透，这使得教学档案来源之广泛是其他档案所不可比拟的。

2. 内容上的复杂性

由于教与学的特殊矛盾，特别是各级各类学校的专业设置与开设课程的多样性，因而教学档案的内容涉及人类知识的各个领域，有社会科学知识、自然科学知识、技术科学知识，可以说教学档案的内容包含各个方面的内容与成分，从具体内容来说，更是十分庞杂，有专业设置、教育方针、学生奖惩、教学总结、教材、师资管理等。此外，高校的教学档案还包括众多的内容，如大至由上级主管部门所下达的各项文件、中至院校所制定的培养目标以及设置的专业、小至教师制作的教学教案以及课件等。近些年，科学技术的快速发展，促使高校的教学档案呈现出多样化的特点。

3. 时间划分上的特殊性

在我国，档案的管理强调时间特性，往往以年代来区分、排列、管理档案，教学档案也不例外。但教学档案在年度的划分上又与其他档案不同。它是以教学年度和学制年度进行区分的。

此外，高校主要按照两种形式开展教学工作，一种是学期制，另一种是学年制。这也就使得高校的教学档案呈现出周期性特征，高校的教学管理工作主要由系院负责完成，对于不同届次学生的教学工作是以所学学制为一个周期来制订工作计划和总结检查的。因此，教学档案也应按学期、学年或学制来构建，形成周期性的档案，对以学期、学年、届次来组织教学的教学管理工作更具有参考和指导价值。为此，高校应当按照学期以及学年归档与整理高校的教学档案，由此促使周期性档案的形成。

4. 制成材料上的丰富性

教学档案要反映教学工作面貌和真实记录教学管理活动，就必须依靠大量的原始性资料。没有数量充足、完整准确的原始资料就不能反映教学工作的真实面貌，因此教学档案资料的原始性和完整性是教学档案工作的又一主要特点。在教学过程中，为了教学和实际的需要，可能会在教学活动中形成不同形式的材料，就制成材料而言，既有纸质的，又有非纸质的，非纸质的有照片、录音带、录像带、磁盘、光盘、幻灯片等。就制成材料格式来看，有统一规格的表格式、簿册式，还有没有统一规格的手稿、图表等。此外，教学档案还具有综合性、专业性、层次性等特点。

5. 档案形式的多样性

由于教学活动的多样性，记录活动的形式也是多样的。只有档案原始资料的多样性，才能真实确切地反映多样性教学活动的面貌，才更具有档案的作用和价值。教学档案原始资料应包括纸面（质）的、图片、音像、光盘等多种形式。

6. 形成方式的内部性

高校档案材料大多是校内教学管理部门和业务部门以及师生个人在工作中自然形成的历史记录，并被自己直接管理和使用。这些材料手写的多，印刷的少，不带文号的多，带文号的少，绝大部分是不通过正式公文来往渠道产生的，因此大多不经收管部门登记，也没有副本，这是教学档案有别于一般行政公文的重要特点。

7. 学科划分上的专业性

高等院校是按学科专业设置的院系组织教学活动的。院系教学工作既有遵循人才培养成长共性规律的一面，又要遵循不同学科专业属性的特殊规律。不同学科专业人才的培养采用不同的人才培养方案，实施不同的教学计划，设置不同的课程，安排不同的教学环节和教学活动，提出不同的培养要求，实现不同的培养目标。因此，不同学科专业院系的教学工作也是不尽相同的，具有很强的学科专业特性。

8. 作用上的社会服务性

高校档案对教学活动进行记录，为开展教学研究活动提供重要资料支持，对于促进教学研究活动的顺利进行具有重要作用。随着信息时代的到来，高校的教学档案更是突破以往的利用对象范围，逐渐呈现出跨行业、跨院校的特点，发展成为共享性资源，慢慢地体现出更多的社会服务职能。

（二）时代新特点

随着社会的进步与发展，作为教学历史记录的教学档案建设，也应随着时代的变化不断赋予新的内容。下面谈谈个人的认识。

1. 教学档案逐步走向电子化

随着现代信息技术的发展，教学档案也发生了很大的变化。特别是现在的学校普遍开通了互联网，为建立电子教学档案提供了条件。如果再沿袭过去那种箱柜式保存和征集方式，与时代的发展就不相适应。因此，在建立电子教学档案的过程中，应充分发挥计算机、信息网络在档案管理中的作用。档案保存可以借助电脑的贮存功能，档案征集可以通过网络传播方式，发挥现代科学技术在档案征集过程中的作用。这种电子档案比传统档案在保存、征集等方面更经济、快捷、方便。

2. 多渠道、动态和主动征集教学档案

在新课程改革不断深入的背景下，教学档案多渠道、动态和主动征集更显得必要，网络为档案征集提供了非常好的平台。可以通过建校园网站征集各种信息，在建站前，对教学档案进行全盘考虑，如征集的内容、设计网页要与这些内容相符，方便档案传输。教学档案的征集主要通过学校管理者和教师本人提供，管理者应主动提供教学档案内容，教师本人也要根据自身情况积极提供归档内容。教师提供的内容一般有个人简介、计划、总结、优秀教案、课件、论文和其他教学成果等。

3. 充分发动全员参与建设教学档案

在以往的档案建设过程中，全员参与的热情还不够，大部分人是被动的，甚至漠不

关心。建设教学电子档案应该发动全员参与，为了鼓励全员参与的热情，可以采用以下方法。

（1）为每位教师建立电子档案。以年级组（或教研组）为单位，在校园网上（或申请电子信箱）为每位教师建立教学电子档案。其特点如下：每位教师的电子档案都设有一定的权限，教师本人、相关部门的主任可以在相应的电子档案中填写或更改资料。其他教师可以打开浏览，但不能改动。确保每位教师及时将自己教学工作的有关资料等输入电子档案，而不会被删掉或改动，同时还有利于教师之间互相学习、交流。

（2）及时督促相关部门和教师上传各种资料。电子档案管理员可以在校园网上以发布公告的形式或用电话通知等方式督促相关部门和教师及时地向电子档案部门输送资料。学校教导处、教研室及时上传本部门的资料，定期对每位教师教学质量进行评价分析，并把这些分析评价结果上传到相应的电子档案中；每位教师则根据学校提供的电子档案及上传档案要求，填写各自电子档案的内容，并不断补充完善。如教师定期把在教研组活动中的优秀教案、获奖或发表的论文、有推广和实用价值的课件、个人反思等资料传送到电子档案。

（3）加强电子档案资料的展示工作。许多教师对档案建设不关心的重要原因，就是没有看到教学档案在实际工作中的效果。为了使电子档案发挥应有的作用，我们应该对电子档案进行各种形式的展示。

①教研组内展示。学校要求教研组在开展活动时，把每位教师在教研组内展示自己的电子档案作为一项重要的活动内容。每位教师应积极把自己收集的最优秀作品在组内展示，并对该作品做出自我评价意见，然后教研组进行讨论、分析和评价。

②校内展示。学校利用全校性的会议，经常性地展示部分表现较突出的教师的电子档案资料，及时介绍和推广他们先进的经验和教学策略，并组织教师利用业余时间学习，促进教师业务水平的提高。

4. 教学电子档案的建立将发挥以往档案所起不到的作用

与以往档案的死板、封闭不同，教学电子档案的开放程度是以前无法想象的，它具备以下几点优势。

（1）有利于学校对教学质量的监控。电子档案通过收集不同类型的材料，以多种方式全面展示教师的成长过程和自身特色，使学校及时、准确地掌握各位教师真实客观地教学情况，了解各位教师的教学特色。另外，电子档案对教师的评价是一种定期性、动态式的，使教学管理形成了一个过程。教学电子档案的这种特点，不仅有利于调动教师工作的积极性，而且使学校能够充分发挥对教学的诊断与导向功能，使教学质量目标变成可以预期的科学目标，从而有效地监控教学质量。

（2）有利于专业水平的发展。创设教学电子档案也是建立一种对教师的动态评价体系，通过评价，教师不断总结自己的经验进行反思。通过评价，激发了教师不断改进教学的主动性和创造性。运用电子档案通过收集表现教师发展变化的资料，能够反映教师的成长轨迹。教师本人在收集资料时有更大的主动权和决定权，能够充分体现个体差异。评价时用动态的、发展的眼光，对教师教学工作的各个环节进行系统的、全程的、循环反复的评价，这样就有利于教师专业水平的发展。

（3）有利于整体水平的提高。利用互联网（校园网）或电子信箱建立教师教学工作电子档案，可以充分发挥网络资源的作用，使各种信息资源得到广泛交流与共享。因此，学校应利用各种资源为教育教学工作服务，教师应积极参与电子档案的建设，运用网络技术贡献自己的教育教学经验和成果，使之成为教学资源的一部分，与广大同行交流和分享。另外，学校还应定期与不定期展示电子档案，教师可随时通过电脑，阅览自己和他人的电子档案。教师通过阅览电子档案不仅看到了自己的优点，树立了自信，同时也发现自己的不足与他人的长处。这有利于形成互相学习、互相帮助、共同进步的群体氛围，促进教师整体水平的提高。

三、高校档案的意义

高校档案是师生员工辛勤劳动的成果，是促进和提高教学管理水平的基础，是学校的宝贵财富和智力资源。搞好教学档案管理，积累教学活动的真实历史资料，对促进高校全面改进教学工作、提高办学质量具有十分重要的现实意义和历史意义。

（一）教学档案管理是教学部门不可或缺的工作

学生自入学到毕业，教师从教入手，教什么、怎么教到教的结果如何，教与学的整个教学活动的每一个环节所留下的每一步进展的痕迹，所形成的具有保存价值的文字、图表及影像材料等就是教学档案，如教学业务档案（上级机关下发的有关教学工作的文件、课堂及实践教学资料、教学计划及总结、教育改革、教学研究、教学质量评估、师资培养、典型教案、编著教材、实习实验指导书、教学检查总结、对学生的考察情况、教师教学日历等），学籍管理档案（学生入学登记表、学生学籍异动情况记录表、学籍卡、学历学位发放记录登记表等）以及其他在教学活动过程中直接形成的文字、图表及影像材料。

为使教学活动按计划有序地进行，高校的教学管理部门和各二级教学单位都制定了一系列的教学管理规章制度、教学计划、教学大纲、教学进程表等。为了对教与学的质量进行有效控制，教学管理人员不仅要直接向教师和学生进行了解，而且要翻阅"有据可查"的教学业务档案。因此，教学管理工作离不开教学档案。教学管理人员有责任、有义务收集、管理好教学档案。

高校以教学为中心的价值取向，使得教学档案管理的重要性不言而喻。教学档案管理就是要及时、完整、全面地收集具有真实性和原始记录性的教学文件、教研材料、教学成果等方面的信息，并对这些信息进行分类整理和归档工作。进行教学档案管理不仅是档案管理人员的责任和义务，还是教学部门不可推卸的义务。因为教学资料的及时收集离不开教学部门人员和每位教师的配合，只有档案管理人员和教学部门人员齐抓共管，才能确保教学档案的记载最具及时性、完整性和权威性。

（二）教学档案是高校教学水平的客观记录和反映

档案是社会历史发展的客观记录。教学档案是高校教学水平高低的客观反映。通过对历年的讲稿、教案、实习实验指导书等进行比较研究，可以看出教学的水平。作为一名教师，如果讲稿、教案、实习实验指导书等多年来一成不变，说明教师的业务水平没有提高，也就意味着教学水平停滞不前，跟不上时代发展的步伐（实则就是一种倒退）；对历年的学生考卷、学生考试成绩、优秀毕业设计、历届毕业生跟踪调查材料等的比较，同样能反映出学生学习的情况；对同类学校间教学档案的"横向"比较，能直观地反映各个高校教学水平及教学管理水平的高低。这些都是探求如何加强教学管理、提高教学质量的重要依据和基础。

同时，教学档案所收集、积累的各种教学反馈信息，能为今后的教学提供大量翔实的资料，使教学研究和改革能够准确地反映实际情况，从而促进教学水平的提高。例如，对教师教案、教学测评等的研究和比较，可以看出教师教学水平和能力是否提高；对历年的试卷、学生考试成绩等的比较，可以看出学生对教学改革的接受能力。教学档案能直观地反映出教学水平及教学管理水平的高低，为如何提高教学质量和教学水平提供重要依据。

四、高校档案的价值

（一）高校档案的价值分析

1.高校档案具有重要的参考价值

高校档案是高校教师集体智慧的结晶，因而对高校教学决策、改革、创新都具有十分重要的参考价值。比如，高校档案对高校教学方面的规章制度就具有重要的参考价值。这主要是由于教学档案不仅对高校的教学过程、教学内容、教学方法等进行了十分详细的记载，而且具有很大的存储量，这对于提高教学制度的科学化、规范化、效能化具有十分重要的作用。再比如，高校档案对教学管理工作也同样具有十分重要的参考价值。高校在进行教学改革过程中可以参考过去的教学档案进行，对于一名新教师同样可以参考过去的教学档案进行教学。

教学档案管理还能够为改进教学方案提供依据，有效提高教学质量。高校的主要任务是培养人才，教学质量的好坏能够从教学档案中进行分析，通过教学档案获取较多的培养人才的经验，能够更好地完善教学模式，为教学活动提供科学的借鉴。另外，教学方式的好坏直接影响课堂质量，好的教学方式能够使教师更加轻松愉悦，同时使学生在快乐中学习。通过教学档案的分析，对比教学方法，并加以改进，能够提供更多适合学生的教学方案。

2. 高校档案具有重要的文化价值

教学文化是学校的重要资源，具有很强的传承作用。高校档案是对高校发展的一种文化记录，因而具有重要的文化价值。高校档案对高校各级各类管理人员、广大教师的教学情况（包括教学计划、教学方案、教学实践）的记载和保存，使其变成一种具有延续性的文化体系，能够对高校未来的教学活动和教学发展起到启发、提示、传承的重要作用，因而可以说高校档案是一种文化现象。特别是通过对高校档案文化价值的挖掘和利用，能够使这种教学文化通过一代又一代的传承体现出高校的文化轨迹，因而高校档案具有十分重要的文化价值。

3. 高校档案具有重要的证明价值

教师业务档案和学生档案，是高校档案的重要组成部分，这两个部分对于教师的教学过程和学生的学习过程都具有很强的证明作用。比如，教师业务档案记录了教师的教学情况、学术发表情况以及其他活动，能在一定程度上说明教师的教学能力，反映教师的教学态度，高校可以根据教师的教学档案记载，对教师的能力、素质、态度、贡献等做出科学的判断，有利于发现人才和用好人才；再比如，高校档案同样记载了学生的在校情况，不仅对学生具有很强的证明作用，无论是学生毕业之时还是学生毕业之后，这些都对学生在校情况具有重要的证明作用，对于学生今后就业乃至职业发展也都具有重要作用。

4. 高校档案具有重要的动力价值

高校档案不仅是一种记载，也是教师教学成果的真实反映。这些教学成果的记载对教师也是一种肯定，能够使教师受到激励和鼓舞，特别是当教师的教学内容、教学方法、教学模式通过有效的开发和利用，形成一套教学模式之后，教师能够在心理上产生一种成就感，并且能够更加深入地开展教学研究、教学改革和教学创新。由此可见，高校档案具有十分重要的动力价值。高校档案还能够在教学评估过程中发挥重要的作用，它能够使每一名教师的教学档案成为教师继续进行深入教学研究的动力。

5. 高校档案具有重要的使用价值

完整系统的教学档案是一个学校教学活动内容与效果的全面概括和客观反映，并能为教学管理工作提供有力的凭证和参考。高校档案真实地反映了学校各个时期的面貌，无论是对于学校编史修志，还是对于行政管理、教学、科研、维护学校或师生员工的利益等，都有着重要而特殊的参考、凭证、借鉴作用，尤其是不同历史时期的珍贵史料和科学技术领域的尖端成果档案，对于发展教育事业、服务经济建设具有很高的开发利用价值。我们必须充分利用教学档案，实行科学化管理，将各位教师、教学管理人员在教学活动中形成、积累的各种资料、数据、信息准确地收集、整理成系统化的教学档案并及时地反映到领导手中，用以指导和协调与教学有关的各项工作，确保学校教学工作的正常有序进行。

6. 高校档案具有重要的教育价值

按照我国国家档案局1995年颁布的《高等学校档案实体分类法》，高校档案包括党群、行政、教学、科学研究、产品生产与科技开发、基本建设、仪器设备、出版、外事、财会十个一级类目。毫无疑问，这样的档案管理分类，明确地涉及高等学校的人事管理、教育教学管理、学生管理、科技工作管理、学校发展建设管理等方面。事实上，高校档案就是一部学校发展史，这使得高校档案具有了无可替代的人文教育价值。

首先，高校档案对高校发展具有启发借鉴作用。高校档案包含着学校教学工作的方方面面，久而久之就成为高校年复一年发展的资料汇集、学校发展壮大的创业史。任何一所高等学校，都经历了由小到大、由弱到强的发展历程，在这样的发展历程中，一代代人艰辛创业，成就了今天高校的辉煌业绩。他们的创业情景，对今天在校师生，都具有教育意义与认识价值，是对师生员工进行人生和事业教育的最直接而生动的教材。

其次，高校档案对培养学生的价值认同感，进行校园文化教育具有重要意义。高校档案蕴含着一所高等院校的校园文化与核心价值理念，是校园文化教育的最好载体。高校的档案中无论是党群部分，还是教学部分，都包含着校园文化建设及形成过程的要素，其中沉淀着一代代学校教师、学生所追求的核心价值理念。例如，分析党群部分的学生社团材料，可以从不同时代的学生社团构成、社团活动、社团宗旨等方面窥见社团的价值理念，而这个价值理念同那个时代以及那个时代人们的精神风貌、理想与追求等是密切相关的。又如，分析北京大学"五四"时期的学生社团档案材料，完全可以清楚地发现那个时代北大人追求爱国、进步、民主、科学的精神风貌，而这样的精神风貌，正是北大校园文化的核心，它们不仅影响了那个时代的北大人，也影响着后来的北大人，是自那以后北大人共同秉持的核心价值观。这种值得自豪的校园文化对后世的影响和教育虽然是无形的，但不可或缺，也是不可替代的。

再次，高校档案对学生的学校归属感教育具有不可替代的作用。按照马斯洛的需要层次学说，归属与爱的需要是一个人重要的心理需求，对一个人的自我价值认同、自我定位、生活与学习的积极态度等都有重要意义。学校归属感是指学生对自己所就读的学校在思想上、感情上和心理上的认同和投入，愿意承担作为学校一员的各项责任和义务，乐于参与学校活动。学校归属感是学生感觉到自己是班级或学校中重要的一员、被他人接受、被他人认为有价值并与他人成为一个整体的一种情感。高校档案对于培养学生的归属感具有积极意义，充分利用档案资源，可以使学生对学校有准确的、充分的了解，可以使学生对学校和自己的关系以及自己在学校中的地位形成准确的认知。当学生定位自己是学校的一员，就会自觉地维护学校的声誉，产生主动学习和乐观生活的人生态度，从而对他们的成长产生积极的作用。

最后，高校档案对培养学生的职业认同感与职业归属感具有现实意义。大多数高等院校都将专业理论教育和专业技能教育作为人才培养的重点，大学教育对于学生未来从事的职业一般具有直接的影响。良好的大学教育传统，是学生成功的事业起点和人生起点。无论是高校档案中的学生档案，还是教育教学档案、科技档案乃至学科建设档案，都是很多学生获得成功的基础，从中除了可以了解一所学校办学成功的轨迹，还可以了解学生成长与成功的轨迹，这些对于今天的学生进行职业认同感与职业归属感教育无疑都有重要作用。

高校档案功能的发挥，有赖于人们对高校档案这些功能的认识与挖掘，但更为重要的是，高校档案教育功能更直接、更感性，更容易发挥其效用。这一特点是其他形式与内容的教材无法比拟的。因而如何更好地挖掘、发现档案的教育价值并进而有效地贯穿在学校教育中，是需要认真探讨的重要课题。

7. 高校档案具有重要的教学价值

教学档案的管理为强化教学管理提供了有效的依据。在高校教学管理过程中，教学管理水平很大程度上依赖于学校的教学档案管理。高校教学管理者通过对学校档案的分析和总结，可以从宏观上确定学校的教学发展方向，并拟订科学的教学计划，合理安排教学，从根本上制定学校的长短期规划；还可以根据教学档案中的师生奖惩材料和思想汇报材料，调整思想教育工作，使教师全身心地投入教学工作中去。

8. 高校档案具有重要的记录价值

教学档案能够为校史编撰提供丰富的素材。高校校史体现了一个学校从建立到发展的全过程，反映了学校的教学成绩和科研能力，也是体现学校形象的重要依据。而教学档案则积累了丰富的教学足迹，为校史的编撰提供了依据。教学档案将学校的发展历程和要素按照类别明确地分类和管理，每一个类别都有其标注的档案盒，根据档案盒上的标注文字，便可以找到相应的资料，这是教学档案管理的一个便捷之处。

（二）高校档案的价值鉴定

档案的价值鉴定是档案馆（室）按照一定的原则、标准和方法，甄别和判定档案的现实使用价值与历史价值，确定档案的价值等级和保管期限，对失去保存价值的档案做相应处理的一项档案业务工作。

1. 教学档案价值鉴定的基本原则

（1）现实与历史辩证统一的原则。档案是人类历史活动的产物，也是历史事件的真实记录，它是在一定的历史条件下形成的，与一定的历史条件相联系。教学档案鉴定必须把历史唯物主义和辩证唯物主义作为鉴定工作的指导思想。鉴定档案价值，必须尊重历史，坚持历史唯物主义的观点和方法，根据档案产生的历史条件、时代背景以及在历史上的作用，结合现实需要来考虑档案的价值。因此，分析档案的价值必须把档案放在它所形成的历史环境中，去具体分析档案的内容和形式。也就是说既要重视档案的现实价值，又要重视档案的历史价值，不能简单地用现在的眼光去看待以往的档案，离开当时的背景，对档案的有些内容就可能难以理解，对于历史上形成的某些内容不正确的文件，也应该正确对待，应该根据当时的历史条件加以分析，以维护历史的本来面貌。

（2）遵循教育教学规律的原则。教学档案是按教学周期形成的，具有定向性、延续性、阶段性和循环性等诸多特点，具有其自身的规律。因此，在教学档案价值鉴定的过程中必须按照教育教学规律办事，把遵循教育教学规律作为教学档案鉴定的前提。

（3）需求性原则。从档案的价值形态角度看，教学档案应具有利用价值（使用价值）和保存价值，但无论是利用价值还是保存价值又都是和教师个人、学校的事业发展乃至社会的进步密切相关的。因此，在教学档案价值鉴定的过程中必须用全局观点，从学校的整体利益出发，用全面的、历史的、发展的观点认识和估计教学档案对各项工作的作用，判定档案的利用价值和保存价值。

（4）客观性原则。教学档案的价值鉴定要以档案文件所共有的原始记录性、凭证和信息作用、产生的历史背景和条件等要素作为鉴定工作的基础，必须尊重客观实际，充分衡量档案应用需求之广度、深度、特殊性及时效性，切忌擅断和主观。

（5）科学性原则。科学性是教学档案价值鉴定的本质要求。教学档案的价值鉴定是一项十分复杂的系统工程，科学地选择鉴定标准是开展鉴定工作的前提。在教学档案价值鉴定的过程中应充分依据教学档案的性质及其应用需求，选择适当的鉴定标准。

（6）完整性原则。教学档案是在教学活动过程中按一定的程序形成的原始记录和轨迹，准确记载了教学活动的过程，描绘了教学活动的轨迹。就这一点而言，教学档案的特点首先体现在它的完整性上。如果搜集的材料不完整，教学档案就不能客观、全面地反映教学过程。因此，在教学档案价值鉴定的过程中应遵循全宗原则，将完整作为教学档案鉴定的总要求之一，尽可能体现档案的完整性、系统性、配套性和来源特性。

（7）参考案例原则。档案鉴定有许多共同规律和共性特点，同类档案鉴定又应采用相同的标准，同行之间还有许多教学档案管理经验可以汲取。因此，在教学档案的鉴定过程中应注意参考过去相关档案鉴定的结果和汲取他人之所长。

教学档案鉴定除应遵循上述共同原则外，还应根据具体档案自身的个性特点选择遵循各自独特的原则、标准和实施方法。在确定档案鉴定各自独特原则、方法时，除了应从档案产生的历史背景、条件、内容、数量等因素考虑外，还应侧重从以下五个方面进行考虑。一是时间（时期）因素，即将某一时期某一类的档案全部保留或全部销毁，这是一种特殊的处理原则，而不是档案鉴定一般原则和标准。二是职能和事件重要性因素，即根据产生档案的机构、组织、个体的职能和某项具体教学工作的重要性来确定档案的价值。三是利用频次因素。一般来说档案利用频次和利用率与档案价值和价值实现成正比。四是信息开发利用程度因素。信息具有时效性和老化现象，随着时间延伸，档案信息价值会递减。五是保管期限因素。档案进馆（室）前鉴定划分的保管期限是对档案文件价值的判定，永久档案比定期档案价值要大，后续鉴定中一般对定期档案要严，而对永久档案相对要慎重一些。

2. 教学档案价值鉴定的基本方法

我国《高等学校档案实体分类法》明确规定，教学档案的主要内容包括学校在学科、专业与实验室建设、招生、学籍管理、课堂教学与实践、毕业生工作、教材建设与管理等教学活动或教学管理过程中形成的有保存价值的文字、图表、声像载体等材料。鉴于此，结合教育部《普通高等学校本科教学工作水平评估方案》，高校档案的归档内容主要应包括以下材料。一是办学指导思想类材料，主要包括学校定位与办学思路、教育思想观念、教学中心地位、人才培养目标、学院与社会的联系等方面。二是师资队伍建设类材料，主要包括师资队伍规划，教师整体结构状态，青年师资队伍结构，主讲教师资格，师资培养，教师编著的教材、讲义、教案（文字和电子）和开发利用的各种教学课件、教学总结、教研成果，教师进修深造和教学观摩活动情况记载，工作量统计，教学效果和质量评价等方面。三是教学条件与利用类材料，主要包括教学基本设施、教学经费和教室、实验室、实习基地、图书馆状况以及运动场面积、体育设施等方面。四是教学建设与改革类材料，主要包括专业建设、学科建设、教学计划、课程建设、教学内容与课程体系改革、教材建设与成效、教学方法与手段改革、双语教学、实践教学内容与体系等方面。五是教学过程业务类材料，主要包括教学计划和教学大纲的制订或修订及执行情况、师资配备情况、授课计划表、教材使用、课程表等方面。六是考试管理类材料，主要包括各门课程的期中、期末试卷，补考试卷，试卷分析及考试总结等方面。七是实践教学类材料，主要包括实验和实训教学、实习和见习、社会实践、毕业论文或设计等方面。八是学籍管理类材料，主要包括新生录取名册、学籍成绩及学分登记表、奖惩情况、学籍异动情况、毕业生名册、学位授予情况等方面。九是教学管理类材料，主要包括管理队伍结构与素质、教研与实践成果、教学规章制度的建设与执行、教学环节的质量标准、教风和学风状况、教学评估与检查等方面。十是教学效果综合评价类材料，主要包括学生基本理论掌握与基本技能运用、创新与实践能力和毕业论文或设计情况、思想道德修养、体育合格状况、社会声誉等方面。十一是教学工作特色类材料，主要包括有关特色项目内容、效果等方面。

教学档案价值具有四个显著特点：一是教学档案价值的潜在性；二是教学档案价值的双重性；三是教学档案价值的唯一性；四是教学档案价值的非商品性。鉴于此，鉴定教学档案价值的基本方法应采用直接鉴定法。第一，鉴定人员必须直接审查教学档案材料，根据教学档案的具体情况直接判定其价值。只有充分了解教学档案的实际情况，并且掌握鉴定教学档案价值的标准，才能依据教学档案保管期限的有关规定来判定档案的价值。第二，鉴定人员要逐件、逐页地审查教学档案材料，从档案的内容、责任者、名称、完整程度、可靠程度等方面，去全面分析档案的价值，而不能仅仅根据案卷目录或题名判定档案的价值。因为目录或题名概括档案内容及其他特征可能不一定准确，更不可能全面反映档案的详细内容和全部情况。

3. 教学档案价值鉴定的标准

鉴定标准是鉴定工作得以顺利进行的关键，是分析鉴定质量的度量衡。因此，为保证鉴定准确、去留无误，在制定鉴定标准时，就必须全面考虑被鉴定教学档案的实际情况，从档案的原有价值、稽凭价值等方面制定相应的鉴定标准。

（1）鉴定教学档案的原有价值。鉴定教学档案的原有价值可以把教学档案的来源、内容、形式及替代特性作为基本评价标准。

①分析教学档案的来源。教学档案的来源主要是指教学档案的形成者。形成者是指文件的责任者或立档单位。分析档案的来源时应注意把握三点。一是通常情况下，形成者的级别越高，其文件价值就越大；反之，则越小。二是一般来说，本单位形成的文件比外单位形成的价值大。因此，分析文件的价值，应站在本单位的角度，重点保存本单位形成的文件。三是在学校内部，教学管理职能部门和系（院）的教学档案具有保存价值。教学管理职能部门和在教学实践活动第一线的系（院）是教学档案形成的主体，其在活动中形成的各种教学管理和教学实践活动材料，是学校一定时期教学活动的真实记录，反映了学校一定时期教学活动的真实面貌，这些教学档案在当前具有极高的依据和凭证作用，在今后对学校的教学管理和教学实践活动同样具有很高的凭证、查考和借鉴作用，因此其保存价值也就较大，有的甚至具有永久保存价值。而那些来源于学校下属其他有关部门的教学档案只是在本部门或较小范围内查考利用，因此其保存价值就较低，有些仅在本部门作短期留存。

②分析教学档案的内容。教学档案的内容是决定档案价值最重要，也是最本质的因素。文件内容所记录的信息和反映的情况，是分析判定档案价值的关键因素，也是鉴定档案价值的基础。因此，鉴定教学档案价值必须着重分析文件档案的内容，其中教学档案内容的重要性、真实性、时效性等因素又是衡量教学档案价值大小的重要依据。文件的用途是和内容联系在一起的，分析文件的内容，主要是看它说明了什么问题，反映了什么事实。一般来说，凡是反映教学工作方针政策、重大事件、主要业务活动的比反映其他一般业务活动的重要；反映本单位教学工作主要活动、基本情况的比反映非主要活动和一般情况的重要；反映中心教学工作的比反映日常教学工作的重要；反映全局性教学工作的比反映局部性教学工作的重要；反映典型性教学工作的比反映一般性教学工作的重要。

③分析教学档案的形式。教学档案的形式是指教学文件的名称、责任者、载体形式以及归档文件的完整程度等。在某些情况下，形式往往也是衡量档案价值标准的重要依据。就文件名称而言，不同文件的名称往往表示着文件的不同作用，在一定程度上反映出文件

的不同价值。文件名称不同，用途不同，而保存价值也不同。比如规划、规定、决定、决议、纪要、报告、总结等，就比一般性的通知、简报重要，价值也大。应该注意的是，在分析文件名称时，必须将其和分析文件的内容等因素结合起来。就文件形成的责任者而言，由于教学档案的收集、保管是以本校产生的教学档案为主的，因此，在价值鉴定时，就要以本校形成的教学档案为重点，而其他单位形成的教学档案与本校教学活动有关的文件材料则仅在一定时期内予以保存，以备查考。就载体形式而言，教学档案除了纸质档案以外，还有照片、录音带、录像带和光盘等电子档案，这些载体档案，往往是本校教学管理和教学实践活动中的精华所在，是教学活动中精华部分的真实刻录，它在今后的教学活动中具有很强的凭证、依据作用和指导、借鉴作用，因此，这部分载体档案往往具有很高的保存价值。就归档文件的完整程度而言，必须最大限度地保证全宗内档案的完整和反映历史面貌。在正常情况下，数量大、档案材料比较完整的文件，保管期限就应长一些；如果主要文件散失，那么次要文件保存价值尺度就应短一些。

④分析教学档案的时效性。文件形成时间表明文件产生的历史。衡量教学档案价值的另一个重要标准，就是看其文件档案的时效性。一般来说，文件产生的时间越早，保存下来的就越少，也就越显得珍贵，其价值就越大。例如，上级教育主管机关下达的某些指令性、指导性文件，以及本校在教学管理和教学实践活动中形成的有关材料，由于它们的时效长，在今后教学活动中需要长期查考利用，因此其保存价值相对就较高，我们在价值鉴定中，就应把这部分教学档案列为长期保存；而对于那些仅在短期内查考的档案，由于时效短，其保存价值相对就较低，仅作短期保存。

⑤分析教学档案的替代性。档案是否可替代是衡量档案价值的重要因素。如果某教学档案具有不可替代性，其价值就会越高；反之，如果某教学档案可以由其他档案所替代，其价值就会越低。在教学档案价值鉴定的过程中，应注意做好可替代档案的更新删除工作。

（2）鉴定教学档案的稽凭价值。稽凭价值是指档案作为稽核凭证的价值。教学档案保存的目的在于教学管理和教学实践活动等方面的利用。因此，鉴定教学档案的价值不仅要从教学档案的原有价值去分析，还应从教学档案的稽凭价值去分析掌握。鉴定教学档案的稽凭价值可以把档案功能的重要性、档案资料的可信度、与其他档案的关联性、考评绩效的参考性、影响评估的可能性作为基本评价标准。

①档案功能的重要性。教学档案价值大小往往取决于其所反映的内容和需求是否重要。一般说来，能反映学校教学管理和教学实践活动的真实历史全貌，在今后教学工作中

需要长远利用的档案，其价值就比较大。例如，上级教学主管部门下达的针对本校的有关专业设置、招生等方面的计划、指示和本校制定的各种教学制度、办法、规定、条例以及教学工作中的各种重要统计报表等，这些教学文件材料，对当前教学工作具有重要的凭证和依据作用，在今后学校教学管理和教学实践活动中同样具有长远的查考利用价值。因此，这部分教学档案就显得十分重要，需要永久或长期保存。而像各实习小组或社会实践小组的计划、总结等教学文件材料，虽在一定时期对教学管理和教学实践活动具有一定的指导和参考价值，但对学校长远的查考利用价值不大，这些文件归档后往往仅作短期留存。

②档案资料的可信度。档案可靠程度直接影响甚至决定着文件价值的不同。只有反映教学管理和教学实践活动的真实过程、具有真实可靠这一基本属性的档案资料，才可以作为教学管理和教学实践活动的凭证和依据，具有一定的查考利用价值。也就是说，档案资料的可信度也是衡量教学档案价值大小的重要标准之一。看档案资料的可信度主要看其所形成的教学文件材料是否具有原始记录的独特性质。例如，新生录取名册、学生学籍卡、学籍异动等材料，都是学校学籍管理工作中形成的原始记录，具有很强的真实性和可靠性。这些档案材料为日后编史修志、了解学校培养成果及办理毕业证明等可提供凭证和依据，因此具有很高的保存价值，需要永久或长期保存。而教师教学过程中摘编的一般性教学参考资料，由于摘编的种种人为或非人为因素，往往会降低其真实性和可靠程度，价值相对较小，不宜作为凭证和依据。

③与其他档案的关联性。由于教学档案具有过程性、周期性、成套性等特点，因此，某一个具体教学档案与其他档案的关联性便成为鉴定该教学档案价值的依据之一。一般而言，某教学档案与其他档案的关联度越高，且不可替代，其价值也就越大。例如，新生录取名册是学生被高校录取的凭证，是其他学籍档案存在的基础，它与学生学籍卡、学籍异动记录、毕业证书发放登记表等其他学籍档案联系非常紧密，因此，其实用和保存价值也就更大。

④考评的参考性和影响评估的可能性。教学档案是高校档案的主体，是衡量教学质量和管理水平的重要标志，也是学校开展教育、教学评估工作的基础和依据，它对于开展教学研究、进行学术交流和总结过去、指导现在、规划未来具有独特的作用。教学档案是否齐全、适当，直接影响到学校办学绩效考核、教师教学质量考核和学生综合素质反映的客观性，影响教育、教学评估的结果。因此，评价教学档案的价值必须充分考虑其对考评的参考性和影响评估的可能性。以上各个标准不是孤立存在的，它们之间互为补充，在实际

工作中，应根据各立档单位的不同状况具体分析、灵活运用，从而切实保证鉴定工作的准确性。需要指出的是，价值鉴定工作是一项综合性、专业性很强的工作。随着高等教育改革的不断深入和现代化事业的不断发展，教学档案来源更加广泛，载体形式更加多样，文件之间的联系也更加复杂。这就要求我们在遵循教学档案价值程序、方法和标准的同时，必须充分重视鉴定人员业务素质、水平的提高以及档案工作经验的总结和积累，只有这样，才能真正保证教学档案价值鉴定的质量。

第二节 高校档案的作用

一、高校档案在高校各项工作中的作用

（一）凭证、依据作用

高校档案是高校各项工作的真实记录和重要载体，档案信息是高校评估工作的重要内容，是对高校办学历史的真实反映，是高校评估的基础和依据。高校评估工作离不开档案信息，在本科教学水平评估中，专家对教学工作基本情况，教学条件、过程及效果的信息采集和等级的判断，一个极为重要的途径和方式是通过档案，离开档案谈评估，可以说是无源之水、无本之木，没有高校档案，就无法进行有效的高校教学评估。教学档案是高校教学原则、培养目标、专业设置和教学内容、方法、途径、效果的真实记录，是衡量高校教育管理水平和教育质量的重要标志之一，是高等学校档案的主体、核心和重点，它为教学工作评价提供重要依据。

教学档案的凭证、依据作用，主要体现在：一是为教师的职称评定、职务晋级提供学历、教学经历、教学工作等具有权威性、完整性和不可替代性的材料，起到"立字为证"的作用；二是为学校的各项评估提供原始和真实的数据。近年来，在教育行政管理机构对高校各项工作开展的评估中，高校向评估专家组提供的相关背景材料主要来源于教学档案。专家组通过对教学管理档案的查阅，凭借教学档案提供的信息，迅速地对学校的教学计划及完成情况、课程设置、科研成果、学生成绩等内容进行定量分析和准确判断，依据教学评价体系对学校的各项工作给予客观评价。因此，教学档案的完整性、系统性和准确

性对于教学评估结果的作用往往是直接而重要的，是教学评估工作的重要基础。

（二）参考、借鉴作用

教学档案是前人教学、实践的最原始记录，不但有存贮信息、知识的功能，而且具有参考交流、学习、参考、借鉴的作用。前人优秀的教学方法技巧、先进的教育理论和理念都可供后人参考借鉴；即使不成功的做法也可以从反面给人以警示，以免后人"重蹈覆辙"。同时，教学档案为教育评估和教学评价提供真实的原始资料，为教育评估的顺利进行提供了参考、借鉴作用。因为无论教育评估工作程序、指标体系、组织机构如何确定，最终都将凭借大量的教学档案材料进行综合分析，从而对一所高校进行客观全面的评价。

同时，要提高教学管理水平和教育质量，需要不断借鉴已有的教学成果和教学经验，在原有的教学工作基础上优化教学模式，改进教学方法。教学档案以知识原载体的形式凝结着教师从事教学活动成功的经验和失败的教训，对进一步改进教学工作、提高教学质量具有广泛的参考和借鉴作用。例如，教学计划、教学大纲等材料作为依据性文件，在课堂教学中起着重要的指导作用。又如，在课堂教学、教学实习、野外实习、社会实践等活动中形成的各种载体的教学档案，不仅可以反映出教学中的成功与不足，为改进教学工作提供依据，而且有关教案、实习指导书、论文以及各种技能操作的文字、图片、音像等材料，也可以在今后的教学活动中作为对学生进行讲解、演示或操作的辅助材料，直接服务于教学工作。

（三）中介、载体作用

教学档案是在教学管理和实践活动中形成的，本身具有分散性、复杂性、周期性、成套性等特点。教学档案所积累的信息资源具有通用性功能，由此成为教学活动的中介和载体，为教学经验的交流和教学成果的检阅提供了平台。高校的教学活动是一种智力型的高层次活动，教师和学生作为教学活动的参与者，都具有较高的素质，学校可以借鉴其他高校较好的教学管理经验改善自身的教学模式，形成教学互动；本校的教师和科研人员可以借鉴教学档案，进行自我评价。同时，教师可以吸收其他教师的长处来提高自己的教学研究水平，学生也可以通过查阅教学档案了解最新教学动态。

教学档案里有教师和教学管理人员在教学过程中不断探索形成的最新教学研究成果。利用教学档案进行教学改革和创新的研究不仅可以省时、省力，而且可使研究成果更加真实、可靠。对教师历年的讲稿、典型教案、教学指导书的研究和比较，可以看出教学水平是否提高。对历年的考卷、学生考试成绩、毕业论文、毕业设计等教学档案的比较分析，可以了解和掌握学生的学习情况及对学生创新能力的培养情况。通过利用教学档案对各院（系）之间以及不同年级的学生之间进行横向和纵向的比较分析，可以找出影响学校教学工作发展的诸多因素，进而探索出教学规律，指导整个教学工作。学校教学发展规划的制定，也离不开对学校历史的总结，通过对历史的数据进行分析对比，结合现实的客观实际，进行翔实的分析预测，做出科学的判断，制定出切实可行的长远教学发展规划研究。而对学校历史的分析与未来的判断及预测都是基于长期以来积累的具有价值的档案资料来进行的，其中教学档案是非常重要的资料。

（四）交流、传递作用

教学实践中不断产生着新的教学文件材料，将其纳入教学档案中可形成动态的、数量浩大的、内容丰富的信息宝库，这不仅是教学实践和管理工作的信息资源，也是师生交流的重要工具。借助教学档案，形成一个紧密的教育教学信息网络，可以使教师和学生及时了解高校教学改革的最新成果和动态，快速准确地进行教学档案的信息查询、交流和传递。教学档案不仅是教师与学生交流的工具，也是不同高校之间交流的工具。例如，高校间的教学改革或评估都处于不同的时间，不同高校在此期间可以根据在评估期间形成的教学档案互相交流，互相借鉴的优势。

（五）维权、激励作用

教学档案是说明学校教育教学工作中事实的最真实的依据，可以作为证实学校和个人正当利益的法律文件，如高校学科、专业、学位点建设的报告与批件等。完整的学籍档案不仅是处理学籍问题的凭证，还可以辨识学历、文凭证书的真伪，有效遏制买卖、制造假文凭的行为，维护学校的声誉。另外，教学档案作为原始记录，客观、公正地记载了教师的教学态度、教学水平和创新能力，可以为考核教师教学工作提供可靠的依据，为教师的任用、考核、晋级、评奖等提供公正有力的凭据，有利于调动教师的工作积极性。

（六）服务、开发作用

发掘教学档案中蕴藏的珍贵信息可以有效提升高校档案信息服务水平。网络环境下的各项新应用又为高校档案信息个性化服务提供了技术支持，进而拓宽了高校档案信息服务的范围，优化了这种服务的内容和方式。

档案信息服务是指档案机构以特定的方式满足用户档案信息需求的过程。高校档案不但记载着一所学校的历史，也往往是追寻其所在城市历史的一个载体。高校档案信息服务是高校档案馆（室）基于馆藏资源为校内师生和校外公众提供档案信息服务的行为。

1. 新时期高校档案信息服务对教学档案资源的管理和开发提出了更高要求

（1）高校档案及其类别。高校档案是高校教学活动的客观记录，是反映教学成果的真实材料，是高校教学水平的真实体现。目前，高校档案主要包括学籍档案、毕业论文和教材样书等内容。

（2）高校档案信息服务格外重视教学档案的完整和规范。随着高校办学规模的扩大、教学模式的开放、专业设置的变化和招生数量的增加，教学档案的数量和种类急剧增加，涉及的部门越来越多，增加了收集和整理工作的难度。这在学籍档案的收集中最明显。例如，学生的相关个人信息和成绩单来源于教务处，招生名录、奖惩记录和毕业信息来自学生处，等等。学籍档案出自多少部门，往往要视学校的机构设置而定。而这些部门所使用的管理软件的兼容性问题、多个部门的协调问题、具体工作人员的业务水平和责任心等等都影响着这项工作的顺利开展。

（3）重视高校档案信息服务有助于盘活教学档案的更多价值。在高校档案工作人员和档案利用者的观念中，教学档案的价值还基本停留在成绩查询和学籍材料真伪的鉴定方面。实际上，教学档案在高校档案信息资源开发方面还具有更多潜在价值。学生在校期间的各种奖励（如奖学金记录、各类比赛获奖证书等材料）不仅仅在学生在校期间保送研究生、转专业、入党、评优等工作开展时会用到，这些材料在学校与校友沟通时也具有极大的利用价值。例如，在校友返校聚会、优秀校友返校做学术报告、学校与校友进行学术、科研合作和校企合作时，学校档案馆如能充分发挥馆藏资源优势，及时提供校友在校期间的"亮点"信息，会极大地拉近学校和校友之间的距离，真正让校友感到学校就是"娘家"。

2. 加强教学档案的管理有助于提升高校档案信息服务水平

（1）有助于推进档案信息服务社会化的进程。长期以来，高校档案部门更专注于服务本校的教学、科研和日常管理工作，对服务范围和服务对象的限制制约了社会对高校档案信息的广泛利用需求。新的社会环境要求高校档案界更新服务理念，改变以往"重藏轻用"的思维模式，定位于面向全社会进行档案信息服务。高校档案信息服务社会化，是指高校档案部门利用馆藏资源满足社会需求的一种信息服务行为，反映了新时期高校档案馆（室）在服务学校师生的同时，开始逐步重视社会日益增长的对高校档案信息服务需求的现象。网络环境对这一服务提供了便捷的同时，也强化了这一需求。高校档案机构要及时应对档案信息服务的社会化趋势，拓宽思路，研究如何将日常管理工作与这一趋势相结合。

（2）有利于优化高校档案编研工作成果。档案编研是档案信息资源开发利用的动力。目前，大多数高校尤其是建校时间较短高校的档案编研工作基本满足于低层次的信息汇集，针对性和实用性不强，缺乏组织与规划。加强档案编研选题的时效性，将选题与国家的重大纪念活动和学校的校庆等活动相结合，可以增强档案编研选题的前瞻性。在这项工作中，高校档案起着不可或缺的作用，因为它记录了学校教学活动的全过程，反映了一个高校的整体教学水平、学科设置、学术思想和学校的历史脉络，其蕴含的信息可以为高校撰写成果汇编、年鉴和编史修志提供权威的数据。

（3）有利于强化高校档案部门在学历认证方面权威性和话语权。在学历鉴定服务中，招聘单位经常要求学校档案馆配合学历认证工作，对应聘人员的学位证、毕业证或其他学籍材料进行鉴定以确定其真伪。这就要求学籍档案必须完整。馆藏学籍档案如果收集不全，就无法为这项工作提供足够的材料支撑。如果馆藏记录丰富并能及时出具相关证明，校友会倍感亲切，从而潜移默化地扩大学校的影响。

3. 网络环境下基于教学档案提高高校档案信息服务水平的措施

（1）加快教学档案的数字化进程和特色数据库建设。高校档案的数字化加工和存储是网络环境下档案信息服务的基础。数字化工作要视馆藏现状、利用需求的迫切程度分批进行。教学档案的查询需求在高校档案信息服务中所占比重最大，网络环境下这一需求更被强化。教学档案的数字化建设是现阶段高校档案馆（室）基于互联网进行档案信息服务的主要切入点。数字馆藏建设要优先考虑教学档案。在教学档案的数字化加工过程中，要严格控制质量。

（2）充分利用网络特点开展个性化档案信息服务。个性化档案信息服务是指基于网络通信、人工智能等多种技术获取并分析档案用户的查询需求、习惯、倾向性以及个人背景等信息，为用户提供有针对性的、特定信息的综合性服务。教学档案内容复杂、来源丰富、形式多样，是高校档案机构开展个性化档案信息服务的基础。

二、如何提高高校档案的作用

（一）重视高校档案的重大价值

通过以上分析可以发现，高校档案具有十分重要的价值，因而各级各类高校必须高度重视高校档案的重大价值，切实加大对高校档案"价值管理"方面人力、物力、财力的投入力度，为高校档案"价值管理"创造有利条件。各级各类高校教师也要高度重视教学档案的重大价值，既要充分利用教学档案开展教学改革和创新活动，同时又要将自身的教学方案、教学方法、教学内容、教学模式及时地纳入教学档案管理中，不断充实高校档案内容，只有这样才能更好地发挥高校档案的重大价值。

（二）完善高校档案的运行制度

制度具有根本性、长期性、稳定性的重要作用，要想使高校档案的价值得到更有效的发挥，就必须进一步健全和完善高校档案运行机制。要进一步明确高校档案的管理、利用和开发原则，按照"集中管理、同步管理、专人管理"的方式，健全和完善高校档案管理制度；进一步健全和完善高校档案规范化、科学化、制度化体系建设，特别是要充分调动管理人员和广大教师的积极性、主动性和创造性，形成良好的合作机制，着力提升教育档案的规范性、全面性和有效性；进一步健全和完善奖惩制度，激励管理人员和广大教师共同开展教学档案管理、开发和利用工作。

（三）提高高校档案的科技水平

随着全球科技信息化的快速发展，特别是在我国工业化与信息化融合度不断加深的历史条件下，高校档案的管理、开发和利用必须朝着科技化、信息化、智能化的方向发展。各级各类高校要大力加强教学档案数字化建设，将各类纸质档案尽快转化为数字档案，使其能够更好地发挥作用；要充分利用高校科研资源雄厚的优势，积极引导相关科研人员开发高校档案管理、开发、利用的信息化服务平台，特别是要利用大数据、云技术来提升高校档案的储存、汇总、分析等功能，使高校档案的价值得到更好的发挥。各级各类高校还要大力引进和培养具有较强思想素质、政治素质、科技素质、职业素质的教学档案管理人才，着力提升高校档案管理人员的综合素质，使他们能够在高校档案的管理、开发、利用方面不断地进行改革和创新。

综上所述，高校档案不仅是我国高校的宝贵精神财富，而且也是我国高校教学管理工作推动教育体制改革的重要组成部分，更是我国高校未来发展的重要基础，具有重要的参考价值、文化价值、证明价值、动力价值，但目前我国部分高校还没有深刻认识到高校档案的这些价值，因而高校档案的管理、开发和利用还十分有限。在我国继续推动高校档案价值得到更全面的挖掘，使档案优势转化为应用优势的历史条件下，必须高度重视教学档案的价值作用，以改革创新精神积极推动高校档案价值的管理、开发与利用，推动高校档案发挥更大的价值作用。

第三节　高校档案文化基本理论

一、高校档案文化的定义与特征

（一）高校档案文化的概念解析

高校档案文化作为一个综合性概念，涵盖了档案的管理、保存与使用过程中的文化内涵。它不仅是对档案物质的管理，更是对知识的传承和文化的延续。在现代高等教育中，高校档案文化发挥着越来越重要的作用，成为学校文化的重要组成部分。其核心在于档案作为历史与知识的载体，具有不可替代的价值。

早期，高校档案的管理主要依赖于纸质文件和手工记录，随着科技的发展，数字化档案逐渐成为主流。这样的转变不仅提高了档案管理的效率，也使得信息的传播变得更加便捷。信息技术的快速发展为高校档案文化的丰富和深化提供了良好的基础，使其能够更加有效地服务于教学和科研。

高校档案文化的独特性体现在其知识性、传承性和规范性上。知识性体现在档案作为信息资源的价值，支持学术研究和教育决策。档案中的历史资料为研究者提供了第一手的资料，帮助他们理解历史背景、学术脉络及社会变迁。传承性则使得高校能够将历史经验和文化传统融入教育过程中，培养学生的责任感和使命感。规范性则确保了档案管理过程中的标准化和系统性，使得档案的保存与利用更加科学和高效。

（二）高校档案文化的基本特征

1. 多元性

这种多元性体现在档案类型的丰富，包括学术档案、行政档案、学生档案等。不同类型的档案承载了不同的文化内涵，反映了学校在各个方面的运作和发展。学术档案包括研究成果、课题报告等，体现了高校在学术领域的贡献；行政档案则涉及学校管理、政策制定等，反映了学校的治理结构与运作机制；学生档案则记录了每位学生的成长轨迹，承载着个体的教育经历和发展潜力。

2. 系统性

高校档案并不是孤立存在的，它们在档案管理系统中有机结合。通过标准化的管理流程，各类档案相互关联，形成完整的信息体系。这种系统性不仅提高了档案的利用效率，也促进了知识的交叉传播。在高等教育的背景下，这种系统化的管理能够有效支持学术研究和学校治理，帮助决策者获取更全面的信息。

3. 动态性

数字化转型为高校档案管理带来了新的挑战与机遇，推动了档案文化的创新发展。电子档案的兴起使得档案管理变得更加灵活，资源的获取和信息的传播效率显著提升。高校档案文化需要不断适应变化，融入新技术、新理念，以保持其活力与生命力。

（三）高校档案文化与其他文化的关系

1. 高校档案文化与校园文化

档案文化不仅记录了校园历史，也为校园文化的建设提供了有力支持。校园文化是高校精神和价值观的体现，而档案文化则是这一精神的具体化和物化。通过档案的整理和展示，学校可以有效传播其优良传统和学术精神，增强师生的归属感和认同感。

2. 高校档案文化与社会文化

作为知识的积累与传播，档案文化在社会发展中起到了重要的桥梁作用。高校作为知识生产和传播的中心，其档案文化不仅反映了学校自身的历史与发展，也映射出社会变迁的轨迹。在这一过程中，高校档案文化为社会文化提供了丰富的素材和背景，促进了不同文化之间的交流与融合。

3. 高校档案文化与教育文化

档案文化在教育管理和学术研究中扮演着重要角色，支持着教育决策的科学性与合理性。档案中所包含的历史资料和研究成果，为教育管理者提供了重要的参考依据，帮助他们制定更符合实际的政策和方案。同时，档案文化也激励着师生对知识的探索和创新，推动教育的持续发展。

二、高校档案文化的价值与功能

（一）促进学术研究与教育

高校档案文化在促进学术研究中具有不可替代的作用。首先，档案作为历史资料的载体，为学术研究提供了丰富的第一手资料。研究者可以通过档案了解过去的研究成果、学术思潮和社会背景，进而提出新的研究问题与视角。其次，档案文化的建设使得学术交流更加便利，研究者可以通过共享的档案资源，建立更为广泛的学术合作网络，促进学科交叉和创新。

在教育过程中，高校档案文化同样发挥着重要的支持作用。通过对档案的合理利用，教师能够更好地进行教学设计与课程开发，利用档案中的真实案例和历史背景，增强教学的实效性和吸引力。此外，学生在档案中找到的丰富知识与信息，不仅拓宽了他们的视野，还激发了他们的探索精神，培养了批判性思维能力和研究能力。

（二）支持学校管理与决策

高校档案文化在学校管理和决策中扮演着重要的角色。档案提供的详实数据与信息，能够为管理者制定科学的决策提供依据。通过对历史档案的分析，管理者可以了解学校发展的轨迹，评估过去政策的实施效果，从而更好地规划未来的发展方向。同时，档案文化的规范性和系统性确保了信息传递的高效性，为学校的管理提供了强有力的支持。

高校档案文化还有助于增强透明度与问责制。通过公开和共享档案，学校能够提升其管理的透明度，增强师生及社会对学校的信任度。在现代高等教育中，透明度被视为良好治理的重要标志，通过档案的有效管理与利用，高校能够更好地回应社会关切，提升自身形象。

（三）传承与弘扬校园文化

高校档案文化在传承与弘扬校园文化方面具有独特的价值。档案作为历史的见证者，承载着学校的传统、精神和价值观。通过档案的整理与展示，学校能够向新一代传递优秀的文化传统和精神内涵，增强师生对校园文化的认同感与归属感。

档案文化的推广与传播也是弘扬校园文化的重要途径。通过开展档案文化活动，学校可以吸引更多的师生参与到文化建设中来，增强他们对校园文化的理解与热爱。这种参与不仅提升了校园文化的活力，也促进了师生之间的交流与互动，构建了更加和谐的校园氛围。

第二章

新媒体环境对高校档案文化的影响

第一节 新媒体概述与发展

一、新媒体的定义与特点

对于新媒体的定义，学界到目前为止并没有统一的界定。一般而言，新媒体是一个与传统媒体相对的概念，是继报纸、广播、电视等传统媒体之后发展起来的新型媒体形态。

（一）新媒体的概念

早期联合国教育、科学及文化组织（联合国教科文组织）对新媒体下的定义，新媒体就是网络媒体，与之类似的是把新媒体定义为"以数字技术为基础，以网络为载体进行信息传播的媒介"。

美国《连线》杂志对新媒体的定义："所有人对所有人的传播。"

国内的学者们也提出了各自不同的定义。如新传媒产业联盟秘书长王斌认为，"新媒体是以数字信息技术为基础，以互动传播为特点、具有创新形态的媒体"。

如清华大学熊澄宇认为，新媒体也称数字媒体或网络媒体，是建立在计算机信息处理技术和互联网基础上，发挥传播功能的媒介总和。

上海交通大学蒋宏和徐剑从内涵和外延两个方面对新媒体技术做出了界定。他们认为，新媒体是20世纪后期在社会信息传播领域出现的建立在数字技术基础上的能使传播信息大大扩展、传播速度大大加快、传播方式大大丰富的，与传统媒体迥然不同的新型媒体。有一些学者以列举的方式界定新媒体的外延。也有人把近10年内基于技术变革出现的一些新的传播形态，或一直存在但长期未被社会发现传播价值的渠道、载体统称为新媒体。

中国人民大学的匡文波认为，"新媒体"是一个通俗的说法，其严谨的表述应该是"数字化互动式新媒体"。从技术上看，新媒体是数字化的；从传播特征上看，新媒体具有高度的互动性，数字化、互动性是新媒体的本质特征。

也有研究者从四个方面定义新媒体，从技术特性角度来说，新媒体是用户之间，或者用户与信息之间进行互动的传播技术，通常以计算机技术为基础；从传播行为角度来说，其被定义为能让用户将信息再加工和再传播，相较于传统媒体而言更难以控制，也会使人类行为发生变化；从组织学角度来说，新媒体创造了新的知识空间和传播空间，使人们脱离了原有的、线性的、等级的、僵化的本土知识形态和关系，形成了一个离散的、复杂的和灵活的知识体验；Livingstone的"三合一的观点"则将新媒体定义为，信息和传播技术及其相关的社会环境，包括三个层面：扩展我们传播能力的技术和装备、开发和利用上述技术的传播活动和实践，以及围绕这些技术和实践，而形成的社会组织结构。

随着科学技术的不断发展，新媒体的内涵和外延也在不断地变化，除了其数字化、互动性以外，智能化技术在媒体传播领域的不断渗透和应用，新媒体也正发生着巨大的改变，因此笔者给"新媒体"的定义是，"基于大数据、人工智能技术，数字化、智能化地完成媒体传播全过程，实现全方位信息交互的传播媒体"。

（二）新媒体的特点

目前而言，新媒体在以下几个方面表现出与传统媒体的显著不同。

1. 数字化

以数字化为基础，能够对各种媒体信息，如文字、数据、图形、图像、动画、声音等进行采集，然后通过计算机进行加工处理和存储，并采用数字化方式完成传递和复现，并能使各种媒体信息之间建立起有机的逻辑联系，以便后续对于所有信息进行集成管理，形成一个具有良好的、多种感官交互性的系统技术。

2. 交互性

新媒体是建立在现代网络技术、数字技术、计算机技术等多项技术基础上的平台系统，受众与媒体或者受众与受众间能够借助媒体这个平台达到一种互动状态，即能够实现人与机、人与人之间的媒体沟通。

交互性是新媒体与传统媒体最大的区别，交互性集中体现在受众与信息发布者的互动过程中。利用新媒体，人们可以各取所需，与媒体进行有效交互，自主性和参与性得到提高；同时借助媒体，可以与不同地点的人进行交互，并能迅速地得到反馈信息，发表自己的意见。

3. 智能化

近来，人工智能技术层出不穷地应用于传播领域中，"机器人写作""机器人配图""机器人谱曲写歌""机器人客服"等产品应用的出现，让智能技术渗透到媒体传播的各个角落。

智能技术可以系统地对声音、图像、文字、语言等进行分析整理，大大提高了信息传播的效率，不仅方便快捷，也能减轻新闻工作者的负担。智能技术带给受众视觉和听觉的真实感官体验，尤其在模拟现实和制造虚拟现实空间方面效果非凡。

4. 自媒体化

自媒体又称"公民媒体"或"个人媒体"，是指私人化、平民化、普泛化、自主化的传播者，以现代化、电子化的手段，向不特定的大多数或者特定的单个人传递规范性及非规范性信息的新媒体的总称。

美国新闻学会媒体中心于2003年7月发布了由谢因·波曼与克里斯·威利斯两位联合提出的"WeMedia（自媒体）"研究报告，里面对"WeMedia"下了一个十分严谨的定义："WeMedia是普通大众经由数字科技强化、与全球知识体系相连之后，一种开始理解普通大众如何提供与分享他们自身的事实、新闻的途径。"简而言之，即公民用来发布自己亲眼所见、亲耳所闻事件的载体，如博客、微博、微信、论坛/BBS等网络社区。

传统的新闻媒体将传播者与受众分得很清，它们是"自上而下""点对面"的传播方式。而播客式的自媒体打破了这种不公平的格局，新媒体不再有传者和受者的界限，每个人都是传者，每个人都能做新闻，"人人即媒体"。

5. 虚拟化

普通大众对社交网络的依赖，便导致了人类群体的社交行为虚拟化。人们的派对、约会、电话都会不断减少，转而通过IM、SNS、虚拟游戏来保持和他人的联系；在线购物超过商业零售终端已经不再是妄想；金融服务、行政服务、信息服务最终都会通过网络顺利进行。在社交虚拟化的时代，现实中不熟识的人们可以在网络上结成团队或是达成配合，共同完成某个活动或者创造。这一点在娱乐领域将显而易见，虚拟世界将无所不在。

6. 渗透性

新媒体的全方位渗透表现在以下两个方面。其一是技术层面，各种媒体相互交融、深层配合、协同创新，形成多媒体、立体化的媒体技术组合；其二是社会层面，新媒体的影响深入社会的各个层面，个人身份、民主政治、精神生活、经济活动、婚恋交友、游戏休闲等无不在新媒体时代发生了革命性的变化。尼葛洛庞帝在《数字化生存》的结语中写道，数字化的未来超越了人们的想象，而数字化生存之所以让我们的未来迥异于现在，就是因为它的"容易进入""流动性"及"引发变迁的能力"等特征。

7. 融合化

新媒体的融合表现在技术融合和内容融合。

新媒体的发展得益于数字技术，始于互联网，融合广播电视、电信、信息技术等产业力量，借助计算机、数字电视、智能手机等端口在过去十余年间获得了迅猛发展。曹三省等人认为，新媒体的主要特性是快捷、海量、互动、多媒体、公众化等，而三网融合、下一代网络技术、新一代移动通信技术、智能终端、物联网、云计算等共同构成了新媒体发展的技术体系。

内容融合指的是新媒体发布的信息以声音、文字、图像、视频、动画及程序设计等多种形式的融合来展现媒体信息。

8. 发展层面的大数据化（论新媒体技术的基本内涵）

随着网络技术的发展，基于互联网的大数据开启了一次重大的时代转型，新媒体遭遇大数据而获得了它的现实性，即新媒体与旧媒体的典型区别。大数据时代的到来是数字化迈向数据化时代以后持续发展的结果，人们在大数据基础上可以做到的许多事情，在小规模数据的情况下完全是无法完成的。

麦肯锡全球研究院给大数据的定义是"大小超过了典型数据库工具收集、存储、管理和分析能力的数据集"。显然，这并不是大数据的全部要义，按弗兰克斯的说法，大数据区别于传统数据而言有以下特征。其一，大数据通常由机器自动生成，许多信息根本不涉及与人的互动；其二，大数据通常是一种全新的数据，尽管它并不排斥已有信息的收集；其三，大数据的一些数据源比较混乱；其四，大数据的价值并不在于信息本身，而在于数据分析，其间存在大量的信息垃圾。新媒体的一个重要发展趋势就是与大数据的对接，事实上，大数据时代的到来正是在新媒体发展的基础上实现的。

大数据通过使人们的生活变得前所未有的可量化而改变了我们生活中最重要和最深刻的方面，"大数据已经成为新发明和新服务的源泉，而更多的改变正蓄势待发"。由于大数据对信息的自我增殖和改进提供了前景，信息的自我繁殖不仅是可能的，而且是现实的，这一点或许正是新媒体用户权限增加的效果之一。

二、新媒体技术发展趋势

（一）人工智能在新媒体内容生成中的深度应用

1. 自然语言生成（NLG）

自然语言生成技术现今已被不少媒体与营销机构应用，基于大规模的数据集来进行自动内容生产。NLG可实现的功能包括集成关键词、提升搜索引擎优化（SEO，即利用搜索引擎的规则来提升网站的搜索排名）及为用户批量提供个性化的内容。

2. 自然语言理解（NLU）

现今，我们会频繁接触到以社交媒体文本、政府企业网站公开数据等为代表的各种非结构化数据，自然语言理解技术能够帮助新媒体研究者来量化此类数据，从中抽取关键概念、梳理关系以及分析情感。在医学、法政、农业、交通、教育多种学科领域，NLU都可以帮助研究者获取更深层面的洞察。

3. 机器阅读理解（MRC）

MRC使系统阅读大数据、推断含义并且立即得出答案的流程成为可能。在未来，MRC是实现人工智能的关键性步骤之一，而近期，它则可以协助我们把技术手册、历史地图和医疗记录等各种资料转化为易于搜索的信息集合。

4. 实时机器学习

机器学习指的是一种应用算法来分析数据，从而可以更好地完成各种任务的系统，并且随着时间的推移，它会越来越擅长这些任务。但这种系统也面临着效率问题：系统需要停下来解析数据。而最新研究表明，实时机器学习可以随数据获取而实时调整模型。即便是在多种语言混杂的情况下，这种技术使得同声传译自动化成为可能；也可以协助对内容分发进行随时调整，从而为读者提供更具有贴近性的内容。比起刻板地使用历史数据（读者××只喜欢体育类报道），实时偏好则能够将内容纳入推荐机制（读者××在接下来的几天里对大选新闻的需求可能会更强烈）。

5. 音视频算法

MIT计算机科学与人工智能实验室（MIT′s CSAIL）正在研究儿童如何学习新词汇，从而将之应用到训练计算机的自动语言识别功能的开发中去。研究人员也在训练计算机在观看视频的同时，预先判断其中会出现的真实物理世界中对应的声音。例如，树叶落地是什么声音，那木条触碰到沙发又是什么声音。研究目的在于，训练系统理解真实物理环境中的物体之间是如何发生交互的。

这种算法未来可以为游戏、视频电影和电视节目自动配音与添加音效，但它也意味着，音频可能构成欺骗——当计算机能够模拟我们的声音和自然音时，会发生什么呢？2017年，华盛顿大学的研究者们就开发了一个能"展示"奥巴马总统某次演讲的模拟，事实上这次演讲从未发生过。这恰恰与当今的假新闻和新闻核查不谋而合。

6. "隔墙有AI"

MIT的计算机视觉科学家已经发现了如何通过"意外摄像头"来追踪信息。窗户、镜子、角落、绿植等许多物体都可以和AI结合，被用来追踪光线、阴影、震动等外界的细微变化，据此分析出某种条件下我们难以用感官直接捕捉的信息。举个例子，研究者们宣布他们拍摄了一株绿植，通过投射在叶片上的阴影来建立室内其他部分的三维影像，或者他们也可以将叶片转化为"视觉麦克风"，根据叶片震动分析出室内的人正在说什么。这样，我们可能都会拥有X射线般敏锐的视觉。

7. 可预测性机器视觉

MIT的研究者们正在训练计算机，它不仅可以识别一段视频中有什么，还要推断其中的人接下来会做什么。比如说，基于YouTube平台上的视频和电视节目（如《绝望主妇》），计算机系统可以预判两个人接下来是会拥抱、亲吻还是握手。有朝一日，这项技术能够帮助机器人更容易地判断人的身体语言并和人互动。

（二）计算新闻学

1. 计算机复制报道（CAR）

计算机辅助报道是一项调查新闻应用的技术。记者寻找、清洗和挖掘公共记录与文件，处理数据并发现潜在的报道线索。在机器学习算法和AI的协助下，计算新闻学就是进化版的计算机辅助报道。计算机新闻学技术包括多语言索引、自动写作、算法可视化、对于数据集的多维度分析和灵活的数据抓取，这些都可以帮助记者综合在数据中的发现，然后在事实、概念、关键词之间发现联系，从而找到人或组织之间的潜在关系。

此外，还包括一类技术叫作"众学"。这项技术可以从我们无意间产生的数据当中，比如线上活动、定位和健康记录等，来挖掘到一些新的事实。初创公司Neura就是应用这项技术的一个范例。

2. 计算机摄影

计算机摄影是计算机视觉、计算机图形学、网络和摄影等技术融合的产物。不仅仅依赖于光学过程，它同时应用了数字图像采集和生成技术，来捕捉真实生活。每一个智能手机用户都可以体验到计算机摄影。比如，苹果手机就使用计算机摄影来实现浅景深效果（人像模式）。

计算机摄影接下来还有许多可实现的功能：实时调节构图，产出多个角度的摄影作品；在图片中增减特定元素，调节光影效果；与此同时，MIT人工智能实验室和Google公司还联合开发了修饰照片和增强手机拍摄效果的自动功能。显然这会给记者带来一些伦理问题：多大程度上的修正是被允许的？而对应的，新闻从业者也应该开发一种技术，在将一张图片应用于报道之前，先看看它经过了多少修改。

（三）界面交互

1. 语音交互

人类已经进入了一个对话交互的时代。语音交互系统使用自然语言生成技术（NLP），结合媒体用户的数据，来参与我们的所想所需。接下来需要考虑的一个新问题是：当语音交互逐渐成为更多的网页搜索行为的接口时，会发生什么呢？

对话式交互，能够模仿记者与编辑之间可能发生的谈话，这些谈话可能会与报道事实相关。IBM的人工智能程序Watson的许多应用程序接口（API），包括上文提过的Debater，以及对话和语调分析等，都可以用来协助记者工作。同时，传媒组织也该思考，如果亚马逊和谷歌掌握了我们未来对话的方式，自身应该如何融入这个生态，并在其中取得优势呢？

2. 基于聊天应用的内容变现

信息交流平台已经成为社交行为的新中心，这其中就包括信息分发和经济交易行为，且二者可以合二为一。这种渠道的中心化创造了到达读者的新机会，且读者拥有小额数字支付的功能。例如，微信公众平台的"赞赏"设计。其他包括Facebook Messenger、 iMessage、Gmail等平台，也加入了此种使读者向作者进行个人交易的功能，这也促使记者从新闻编辑室的工作中抽离出来，转向他们自己的追随者。

3. 音视频叙事新形式

利用视觉响应、触觉反馈和语音交互等技术，报道者正在开发非传统的新型叙事来吸引读者。已经有新闻媒体和娱乐组织开始探索创意叙事形式，其中重点在于个性化、交互与沉浸。

2017年，英国广播公司（BBC）发布了可以在亚马逊智能音箱（ECHO）上播放的广播剧，听众可以通过直接与人物对话的方式来决定故事走向。同时，以RYOT为代表的公司也在尝试和主流新闻组织展开合作，比如《纽约时报》和NPR广播等，开发了用VR形式观看的沉浸式纪录片视频片段，观众可对其展开360°的全景探索。在网络交互剧集《那个时刻》中，观众则可以决定主角的行动，实时改变故事线。

（四）出版与分发

1. Web3.0

在Web3.0时代，合作和分散创作都能够加速发展的原因有二：一是基于数据挖掘、NLP和文本解析等技术，收集、挖掘与理解非结构化数据都变得更容易；二是通过AI和机器学习，机器能够直接彼此合作。最终，机器将能够互相训练。

目前，已经有类似的项目在进行中。在媒体领域，OTOY（3D云渲染技术公司）通过创立一个合作者组成的去中心化分布式网络，共享空闲的处理资源，降低视觉设计效果的生产成本。另外，在Web3.0时代，媒体也能够建立微型支付系统，或者使用户能对自己的隐私和数据拥有更多的控制力。

2. 接近性新闻

不仅仅是我们使用的设备能够推送和接收信息，新技术使得身体也具备这一功能，这就把我们纳入一个永远运转的信息网络当中。具体技术机制是围绕"信标（Beacon）"发生的。基于低功耗蓝牙技术的信标就是一个能够广播信号，并且根据地理上的接近性来触发行动的微型设备。Target就已经在数百家商店配置了信标，这些信标将跟踪消费者在商店不同区域间的移动。

蓝牙技术之外，内容生产者可以在手机应用中内置地址围栏功能，来根据用户位置推送通知。比如说，受过CRP心肺复苏训练的人，就可以在Pulse Point应用上收到提醒——附近有人需要帮助，这也意味着媒体可能实现基于消费者地理位置的精准投放。

3. 彻底透明化

在未来，打击不实信息和虚假新闻的唯一方式就是让信息和新闻的收集过程完全透明化。就像读者想看内容署名一样，他们很快就会想知道内容写作的过程，确认内容的可信度。而使用智能系统的记者，也应该说明他们所使用的工具和数据。同时，由计算机自动写作内容的报道，也应该标明算法负责的是内容的哪些部分。

罗格斯大学教授Ahmed Elganmmal开发了一种算法，能够寻找绘画作品中的创新性，并分析哪些艺术家对此产生了影响。他的研究激励别人去使用类似的网络分析、历史数据和机器学习等技术，来寻找文学和新闻的相似性。类似的系统可以被用来寻找新闻报道中的潜在影响因素。

4. 闪现式新闻编辑室与限期新闻产品

一些组织已经开始实验"闪现式新闻编辑室"，主要为了打造特别主题的报道和一些短期产品，仅仅在专项活动发生时报道。

同时，新闻组织也在创造限期新闻产品，不需要太多人力和工作流程。将来也会有更多的新闻组织做出尝试，专为某些特定活动打造短期播客和聊天机器人。由于这种高精准的指向性，它们也适用于数据收集和精准投放广告，对媒体来说是提升收入和读者参与度的好机会。

5. 数据度量透明

媒体现在希望社交网络返还给它们的数据能够具有更多的透明性。对于在内容公司工作的许多人来说，数据度量标准既不容易被发现，又不容易被理解。数据测量会影响内容生产和商业决策，也会影响公众对一则报道的流行程度的感知。现在多数大型机构都雇用了专门的受众参与度分析经理人，来充当一种中间人的角色。平台度量标准的有效性会被媒体和广告商质疑，是因为这个标准很难被验证。同时，希望新闻能够开发出更具透明度的数据模型，也为内部员工提供有参照意义的指标。目前，新闻组织中比较流行的度量工具是Chart beat。

6. 离线连接

随着媒体用户转向移动设备，开发者们也应当确保自家App能够离线使用。奈飞（Netflix）、油管（YouTube）和亚马逊Prime现在都在打造离线浏览功能，允许用户缓存视频，稍后观看。新闻内容聚合应用，如Google、Smart news和Apple，同样想要尽可能地利用用户时间，哪怕在Wi-fi信号很弱的时候。《华盛顿邮报》的渐进式网络应用

（Progressive Web App，可以理解为类似微信的小程序，但它是基于Web浏览器运行）就将移动网页的加载时间从4秒缩短到了80毫秒，使用户在离线状态下也能阅读新闻。

7. 音频搜索引擎

随着新闻机构在播客形式上的探索，新的搜索工具需要实现媒体和用户对于纯音频内容的搜索。声田（Spotify）近期实现了这一功能，用户对语音助手说出他们的搜索需求，就能立刻跳转到他们尝试回忆起来的播客、重播他们在车上听到的新闻报告，或是获取特定主题相关的音频片段。

然而，我们也看到了很多对语音识别AI展开的新型攻击行为。这种攻击会欺骗语音识别系统，使其转而识别合成语音、人耳不易察觉的声音甚至家中常见的环境噪声。这些音频提示，都可能触发智能系统执行用户本来并不想要的操作，比如进行购买，或者将音量调到最大。日益依赖音频搜索的用户更需要警惕个中漏洞。

第二节　新媒体环境下档案信息的传播特点

一、新媒体环境下档案信息传播的基本特征

新媒体环境的快速发展使档案信息传播方式发生了深刻的变化。传统的档案信息传播依赖于实体档案馆、纸质文献和正式出版物，而新媒体环境下，档案信息的传播形式、速度、受众和内容都发生了重大转变。这些特征不仅使档案信息的传播更加多样化和便捷化，也对档案管理者提出了新的要求和挑战。以下从多个角度分析新媒体环境下档案信息传播的基本特征。

（一）新媒体对档案信息传播形式的影响

新媒体环境下，档案信息的传播形式发生了显著的变化。传统的档案信息传播方式多以文字、图片和实体档案的展示为主，传播渠道较为单一，受众的获取途径有限。而在新媒体平台上，档案信息可以通过多种形式呈现，如短视频、音频播客、互动图像、动画等，极大丰富了档案信息的传播形式。

新媒体使得档案信息的传播更加灵活和多元化。例如，档案馆可以通过社交媒体发布档案相关的故事短片、历史影像或采访录音，使档案信息不再局限于传统的静态文献展示。受众不仅可以通过文本获取信息，还可以通过视觉和听觉等多种感官方式来体验档案文化。档案信息的这种多样化呈现形式增强了受众的参与感和体验感，尤其是对于年轻一代的受众而言，更加符合他们的媒体消费习惯。其次，新媒体的传播机制也使档案信息的传播更加即时和互动。档案馆可以通过微信公众号、微博、抖音等平台，实时发布档案文化活动的内容，邀请受众在线参与。与传统传播方式相比，新媒体平台不仅传播速度更快，还能够通过评论、点赞和转发等功能增强与受众的互动，使档案信息传播成为一种双向的交流过程，而不是单向的输出。

然而，新媒体环境下档案信息传播形式的多样化也带来了新的挑战。档案管理者需要掌握更多的媒体技能，才能将档案信息有效地转化为新媒体内容，并确保其传播的质量和准确性。同时，新媒体形式的多样化也可能导致档案信息的内容过度简化或娱乐化，削弱其历史深度与文化价值。因此，如何在新媒体环境下保持档案信息传播的专业性与权威性，是档案管理者面临的重要问题。

（二）档案信息传播的碎片化特征

新媒体环境下，档案信息传播的碎片化成为不可忽视的特征之一。由于社交媒体、短视频平台等新媒体的特性，信息往往以较短、零散的形式呈现，档案信息的完整性和系统性在这种传播模式下容易被打破。

碎片化的档案信息传播形式使得受众更倾向于通过短小精悍的内容获取档案知识，而不是系统地、全面地了解整个档案的背景和价值。例如，历史档案可能被切割成若干短片，每个短片展示某个特定事件或人物的片段，受众通过这些片段化的信息接触档案文化。虽然这种形式能够增加受众的接触频率，但其负面影响在于，受众容易对档案信息产生片面理解或断章取义，从而无法形成完整的历史认知。

碎片化传播还导致档案信息的深度和层次感下降，新媒体平台上受众往往缺乏耐心去阅读长篇的档案资料或观看长时间的视频内容，档案信息的传播内容被迫压缩为短小的信息片段，导致信息的复杂性和丰富性无法充分展现。这种情况特别不利于那些需要详细背景解释或复杂情节描述的档案材料，它们在碎片化传播中难以传达其深刻的文化内涵。

为应对碎片化传播带来的问题，档案管理者应当在保持档案信息丰富性和完整性的前提下，设计更具条理性和系统性的传播内容。通过将碎片化的档案信息合理整合，并在传播过程中提供清晰的线索和背景说明，可以帮助受众更好地理解档案内容，避免其对历史的误读与误解。

（三）档案信息的实时性与互动性增强

新媒体平台的另一个显著特征是信息的实时性与互动性，这一特性同样对档案信息传播产生了重要影响。相比于传统档案传播方式的滞后性和单向性，新媒体平台使档案信息的传播更具实时性，信息更新的速度更快，同时也能够实现与受众的即时互动。

实时性体现在档案馆可以通过新媒体平台及时发布档案文化活动的动态，或是即时分享重要的档案信息。例如，档案馆可以通过直播技术，实时展示档案展览的开幕式或档案修复过程，受众可以通过手机或电脑随时观看这一过程，不再受限于时间和空间的约束。实时性传播增强了档案信息的时效性，使得更多受众能够第一时间接触到最新的档案内容。

互动性则表现在新媒体平台上档案信息传播的双向性，受众不仅可以通过社交媒体平台观看和阅读档案内容，还可以通过评论区或消息功能与档案馆进行互动，提出问题或分享他们的看法。互动性传播有助于提升受众的参与感，使档案信息传播不再是被动的接收过程，而是一种积极的交流与分享。这种互动方式在提升受众对档案文化的兴趣和认同感方面具有积极作用。

然而，实时性与互动性的增强也对档案管理者提出了更高的要求，在实时传播的背景下，档案信息的准确性和及时性显得尤为重要。档案馆必须确保发布的内容在短时间内得到准确审核，避免因信息发布过快而出现错误。此外，互动性传播中的受众反馈也需要及时回应，档案馆需要具备快速处理大量信息的能力，以满足受众的互动需求。

（四）档案信息传播的多媒体融合趋势

多媒体融合是新媒体环境下档案信息传播的一个重要趋势。随着技术的发展，档案信息传播不再局限于文字或图片形式，而是通过视频、音频、虚拟现实（VR）等多种形式展现。这种多媒体融合的传播方式，使档案信息更加生动、立体，增强了受众的沉浸感和体验感。

首先，多媒体融合使得档案信息的表现形式更加丰富。档案馆可以将历史文献与视频影像、音频采访、动画效果等结合起来，制作成多媒体档案展示。例如，在视频中展示档案文献的同时，配以历史事件的影像资料和相关人物的音频叙述，使受众不仅能看到档案内容，还能通过声音、影像等多重感官体验加深对历史的理解。多媒体融合的传播方式打破了传统档案展示的静态局限性，增加了信息传播的吸引力和影响力。

其次，虚拟现实技术为档案信息传播带来了全新的体验。通过VR技术，档案馆可以构建虚拟的档案展览空间，受众可以佩戴VR设备"进入"虚拟展览，参观档案馆中的珍贵文献或历史遗址。这种沉浸式的体验不仅增强了档案文化的传播效果，还为档案信息的展示与传播开辟了新的可能性。尤其是在全球化背景下，虚拟现实技术能够突破地理限制，使全球范围内的受众都能够体验档案文化。

二、档案信息传播的广泛性与覆盖面

新媒体时代，档案信息的传播已不再局限于传统的校园或本地范围，而是通过多平台、多形式的全球化传播扩展到了更广泛的受众群体。档案信息传播的广泛性与覆盖面得益于新媒体平台的全球性、多平台传播能力以及社交网络中的二次传播机制。以下从这几个方面详细分析档案信息传播的广泛性与覆盖面的特点及其影响。

（一）新媒体平台的全球性与档案信息的跨地域传播

新媒体平台具有明显的全球性特征，这一特性极大地扩展了档案信息的传播范围，使档案文化得以超越地理和国界的限制，实现跨地域的广泛传播。在全球化时代，档案信息不再局限于校园、图书馆或本国的档案馆中，而是能够通过互联网快速传播至世界各地，触及更多的国际受众。

1. 新媒体平台打破了传统档案传播中的空间限制

在过去，档案信息的传播主要依赖实体档案馆、书籍或纸质出版物，受众需要亲自前往档案馆才能获取相关信息。然而，随着新媒体平台的兴起，档案信息可以通过数字化形式上传至网络，全球用户可以随时随地通过互联网访问这些档案资料。例如，档案馆可以通过建立在线数据库或利用社交媒体平台发布数字化档案，吸引国际研究者、历史学者以及全球公众的关注。档案信息的全球化传播使得不同地域的文化、历史和学术资源得以共享与交流，促进了跨文化的理解与合作。

2. 档案信息的跨地域传播增强了高校档案馆的国际影响力

高校档案馆不仅是保存本校历史与文化的机构，随着新媒体全球化传播能力的增强，档案馆可以通过展示校园历史、知名校友故事、重要学术成果等内容，向全球展示本校的学术成就与文化底蕴。这不仅提高了高校的国际声誉，还促进了国际学术交流与合作。例如，外国学者可以通过在线档案库获取中国高校的历史档案，进而开展学术研究或文化交流。这种跨地域传播能力为档案文化在全球舞台上赢得了更大的关注度。

3. 跨地域传播也加深了不同文化之间的对话

档案信息的全球化传播使得不同国家和地区的文化历史能够通过新媒体平台进行传播与互动。例如，档案馆可以与国外的档案馆或文化机构合作，共同举办跨国档案展览或线上活动，推动不同文化之间的相互理解与交流。跨地域的档案信息传播不仅扩大了档案文化的影响力，还为全球文化传承与创新提供了新的契机。

（二）档案信息在多平台中的广泛传播

新媒体环境下，档案信息的传播已不再依赖单一的渠道，而是通过多平台的分发实现了广泛覆盖。多平台传播能力使得档案信息能够通过多种形式、多种媒介接触到不同层次的受众，这种多平台并行的传播模式极大地增强了档案文化的影响力。

1. 多平台传播使档案信息能够以多样化的形式呈现

媒体平台包括社交媒体（如微信、微博）、视频平台（如快手、抖音）、音频平台（如播客、喜马拉雅）等，不同平台之间有着各自的受众和内容特色。档案信息可以根据平台特性进行个性化的内容设计与发布。例如，档案馆可以在视频平台上发布历史档案的纪录片，在音频平台上推出档案文化相关的播客节目，在社交媒体上发布简短的历史故事或档案图片。这种多平台的传播方式使得档案信息能够以不同形式覆盖不同兴趣和需求的受众群体，增强了档案文化的传播力与影响力。

2. 多平台传播提高了档案信息的可见性和曝光率

在单一平台中，档案信息的传播往往受限于平台的用户数量和用户偏好，而通过多平台并行传播，档案信息的可见性大大增加。例如，档案文化可以同时在多个平台上发布，从而触及更多潜在的受众。一个受众可能在社交媒体上看到档案馆的图片分享，同时在视频平台上观看档案相关的纪录片，或者在音频平台上收听档案文化的讲座。这种多平台联动的传播策略有效提高了档案信息的曝光率，使其能够吸引更广泛的注意力和参与度。

3. 多平台传播增强了档案信息传播的灵活性

新媒体平台的迅速更新与多样化特性，允许档案信息能够根据不同平台的用户需求和技术特点进行灵活调整。档案馆可以根据各个平台的用户分析数据，调整传播内容的形式、语言风格和内容长度，确保档案信息能够更好地适应不同平台的传播特点。例如，在短视频平台上，档案信息可以以短小精悍的内容呈现，以吸引年轻受众的注意；而在学术平台上，档案信息可以以详细、权威的学术论文和文献资料形式传播，满足研究者的需求。

（三）档案信息在社交网络中的二次传播机制

社交网络的二次传播机制是档案信息在新媒体环境下得以广泛传播的重要途径之一。二次传播是指档案信息通过受众的自主分享、转发、评论等行为，在原始发布者之外的网络空间中实现信息的二次扩散。这种传播机制极大地增强了档案信息的传播广度和影响力。

1. 社交网络的二次传播机制加速了档案信息的扩散速度

在传统的档案信息传播过程中，档案馆是信息的发布主体，传播过程较为单一且速度较慢。而在社交网络平台上，用户通过点赞、评论、转发等行为，能够迅速将档案信息传播至更广泛的网络空间。每个用户都可以成为档案信息的传播节点，通过自己的社交圈进一步扩散档案信息。这种二次传播机制加快了信息扩散的速度，使档案信息在短时间内能够触达更多的受众。

2. 二次传播机制增强了档案信息的影响力

在社交网络中，用户的分享行为不仅是档案信息的扩散过程，也是信息筛选与评价的过程。用户往往会根据自己的兴趣和需求分享他们认为有价值的档案信息，这种主动传播行为提高了档案信息的可信度和影响力。当档案信息经过多次分享和传播后，其影响力逐渐扩大，甚至可能成为社交网络中的热点话题。这种由用户驱动的传播机制不仅提升了档案文化的社会影响力，还能够激发更多人对档案信息的关注和讨论。

3. 社交网络中的二次传播机制有助于档案信息的长期传播

通过社交网络的传播，档案信息不再局限于一次性的发布行为，而是可以通过多次的分享与扩散实现长期的传播效应。档案信息在被用户分享和转发后，可能会在一段时间内不断被新用户发现和传播，形成一种长期的传播链条。这种持续的传播效果使得档案文化能够在社交网络中获得更持久的影响力，确保其传播的广泛性和延续性。

第三节　新媒体对高校档案文化的冲击与挑战

一、新媒体对高校档案文化传播的冲击

新媒体的迅猛发展对高校档案文化的传播带来了深远的影响。传统的档案文化传播模式受到新媒体技术、传播机制及信息消费习惯的冲击，面临着传播形式、深度、结构和真实性等多方面的挑战。以下从几个角度深入探讨新媒体对高校档案文化传播的冲击及其带来的困境。

（一）新媒体技术对档案文化传播形式的冲击

新媒体技术的快速发展对高校档案文化的传播形式产生了直接影响，尤其是数字化与信息流动的加速使得传统的档案传播模式受到了极大的冲击。传统档案文化的传播方式以纸质档案、图书馆藏、实体展览等为主，而新媒体通过数字平台实现了信息的快速传播与广泛覆盖，使得档案的传播形式逐渐从静态的、封闭的模式向动态的、开放的模式转变。

新媒体平台如社交媒体、视频平台、在线数据库等，不仅为档案文化提供了多样化的传播方式，还颠覆了传统的档案传播流程。档案文化不再局限于实体档案馆内展示，而是通过数字化的手段被上传到互联网上，成为全球用户可以随时随地访问的文化资源。这种开放式的传播形式极大地扩大了档案文化的受众范围，但也带来了传播深度与质量的隐患。新媒体技术的快速传播特性，使得档案文化在海量信息流中容易被碎片化，缺乏系统性和整体性。

此外，档案文化的数字化也使得多媒体形式的档案传播成为可能，通过新媒体技术，档案文化不仅可以以文字和图片的形式呈现，还可以结合音频、视频、虚拟现实等多种媒体形式展示。这种多样化的传播形式虽然增强了档案文化的表现力和互动性，但也要求档案馆具备更高的技术能力和资源配置。传统的档案管理人员必须掌握新媒体技术，才能有效地推动档案文化的传播，这对高校档案文化管理提出了新的挑战。

（二）信息碎片化对档案文化深度传播的挑战

新媒体的传播特点之一是信息碎片化，这种现象对高校档案文化的深度传播形成了严

峻的挑战。新媒体用户的阅读习惯往往是快速浏览和信息获取碎片化,用户更倾向于通过社交媒体或短视频平台获取简短的、浅显的内容,而较少花时间深入阅读或研究完整的档案资料。由于这种信息消费习惯的改变,档案文化的深度传播面临困难。

档案文化本质上是厚重而深刻的,它往往涉及历史、文化、学术等多个层面的内容。档案文化的传播不仅仅是传递信息,还应当承担起文化传承和知识普及的责任。然而,新媒体平台的碎片化传播模式导致档案文化的完整性与系统性受到影响。很多档案文化在传播过程中被切割成片段,用户只能接触到其中某些片段,而难以理解整个文化背景与历史脉络。这种浅层次的传播模式虽然能够吸引更多的受众,但削弱了档案文化的深度和意义。

同时,碎片化传播也加剧了档案文化在传播过程中的被误读与误解。由于受众获取的信息不完整,他们对档案文化的理解往往停留在表面,甚至可能会产生偏差。这种现象对档案文化的传承与保护带来了新的困境。高校档案文化传播不仅要应对信息碎片化的冲击,还需要在新媒体环境下探索新的传播策略,以确保档案文化的深度传播和准确理解。

(三)社交媒体对档案文化传播结构的重塑

社交媒体作为新媒体的重要组成部分,已经成为档案文化传播的重要平台之一。然而,社交媒体平台的传播机制和互动模式对档案文化的传统传播结构产生了深刻的影响,重塑了档案文化的传播结构。

1. 社交媒体的开放性和互动性改变了档案文化的传播主体结构

在传统的档案文化传播中,档案馆和高校是传播的主要主体,他们通过出版、展览、学术活动等形式传播档案文化。然而,在社交媒体平台上,任何用户都可以成为档案文化的传播者。用户可以通过个人账号发布与档案文化相关的内容,如档案图片、历史故事、档案活动等,这种用户主导的传播模式打破了传统的单向传播结构,形成了多主体参与的传播生态。

2. 社交媒体的即时性和互动性改变了档案文化的传播节奏与方式

在社交媒体平台上,信息的传播速度极快,档案文化的传播不再是单向的、线性的过程,而是多方向的、网状的互动交流过程。受众不仅是信息的接受者,还可以通过评论、点赞、分享等方式参与到档案文化的传播中。这种互动模式增强了受众的参与感和归属感,有助于扩大档案文化的影响力。

社交媒体上档案文化的传播往往依赖于流量与热度,容易受到市场化和娱乐化的影响。为了吸引更多的受众，档案文化的内容可能被简化或娱乐化，丧失其原有的文化深度与历史厚重感。这种现象不仅削弱了档案文化的价值，还可能导致档案文化传播的失焦和泛化。

（四）新媒体环境下档案文化真实性的挑战

新媒体环境下，档案文化的真实性成了一个重要的议题。档案文化作为历史的真实记录，其真实性与权威性是其核心价值。然而，在新媒体平台上，信息传播的快速性和多样性使得档案文化的真实性面临挑战。

首先，数字化档案的传播过程中，档案内容的编辑与加工可能导致信息的失真。档案的数字化转换和在新媒体平台上的传播，往往需要进行格式调整、内容压缩甚至是二次编辑。在这种过程中，档案的原始性与完整性可能受到影响，进而损害其真实性。此外，用户在社交媒体平台上自主发布档案内容时，可能会对原始档案进行修改或选择性展示，导致受众接收到的信息并不完全准确。这种现象不仅影响了档案文化的权威性，还可能误导受众对历史的理解。

其次，新媒体平台上档案文件的版权问题也对真实性构成了威胁。在新媒体平台上，档案内容的传播往往缺乏明确的版权保护机制，导致档案资料的随意传播与使用。一些用户在未经授权的情况下复制、篡改或再加工档案内容，进一步加剧了档案文化真实性的流失。档案文化在传播过程中被多次复制与加工，使得原始信息的真实性难以得到保障，甚至可能导致文化传播的误导与曲解。

为应对这些挑战，高校档案馆必须加强对数字档案真实性的保护。在新媒体环境下，确保档案内容的真实性和完整性不仅是档案文化传播的基本要求，也是档案文化在数字化时代能否有效传承的关键。档案管理者需要采取更加严谨的管理与监督措施，确保档案文化在新媒体平台上的传播符合历史真实性的标准。

二、高校档案文化在新媒体时代面临的挑战

（一）数字化档案管理的技术与安全挑战

随着新媒体技术的迅猛发展，高校档案文化的数字化管理成为一项重要任务。然而，数字化档案的管理不仅涉及技术的升级，还面临着一系列安全问题。高校档案文化作为历史与知识的载体，在数字化转型过程中，需要应对技术与安全的双重挑战。

首先，数字化技术的快速更新对高校档案馆提出了较高的技术要求。数字化档案管理不仅仅是将纸质档案扫描成电子文件，还涉及档案资料的数字化存储、分类、检索、维护等复杂的技术操作。这需要档案管理者具备良好的数字化技术能力，并依赖于先进的设备和软件工具。同时，数字化档案的长期保存也是一大难题，电子档案易受到硬件设备的损坏、软件升级带来的兼容性问题以及存储介质老化等技术问题的影响，如何确保档案资料的长期保存和持续可用性是档案管理的关键挑战之一。高校档案文化中包含了大量的机密信息、历史数据和知识产权等重要内容，在数字化的过程中，这些数据可能面临网络攻击、黑客入侵、数据泄露等多种安全风险。尤其是在新媒体时代，数字化档案一旦上传至网络，便可能被不法分子非法获取或篡改。因此，高校档案馆需要建立完善的网络安全防护措施，确保档案数据在数字化和传输过程中的安全性。加密技术、防火墙、访问控制等安全措施成为必不可少的管理手段。

其次，数字化档案管理的技术挑战还包括档案格式的标准化问题。不同的档案类型和内容需要不同的数字化格式，例如文档、图片、视频、音频等都需要采用不同的技术标准来进行处理。如果缺乏统一的数字化标准，档案在不同平台之间的互通性和可读性将受到影响，甚至可能导致档案内容的丢失或误读。因此，如何在数字化档案管理中制定和遵循统一的技术标准，是确保档案文化有效传承的重要前提。

最后，档案管理系统的复杂性也为档案管理人员带来了挑战。随着数字化档案数量的不断增加，档案管理系统必须能够处理海量的数据并提供高效的检索和管理功能。这要求高校不断升级其信息系统和技术平台，以支持大规模的数据处理和智能化的档案管理。同时，档案管理人员也需要不断提升自身的数字化技能，适应数字化档案管理的技术要求。

（二）新媒体平台中档案文化的可持续性问题

新媒体平台为档案文化的传播提供了丰富的可能性，但同时也带来了档案文化可持续性的问题。在新媒体环境下，档案文化的传播往往受到平台的商业化运作、受众偏好和内容流行趋势的影响，这使得档案文化的长期性、连贯性和深度传播面临挑战。

1.新媒体平台的快速更新迭代影响了档案文化的可持续传播

许多新媒体平台如社交媒体、视频平台等，因其市场竞争的激烈性和用户兴趣的多变性，平台内容更新的速度极快，流行趋势和热点话题的变化非常迅速。在这种背景下，档案文化内容容易在平台上迅速被淹没，缺乏持续的关注度和曝光度。这种快节奏的内容消费习惯使得档案文化难以获得长期的传播效应，尤其是对于需要深入理解和反复探讨的历史文化内容，更难以适应这种短暂的传播模式。

2. 档案文化内容的质量在新媒体平台中难以得到保障

档案文化的传播往往需要严谨的研究和深度的解读，而新媒体平台更倾向于快速消费型内容，档案文化的深度传播容易受到削弱。例如，在平台上发布的档案内容可能被简化、剪辑甚至娱乐化，导致档案文化的历史价值和学术价值被稀释。这种情况不仅削弱了档案文化的内涵，还可能导致受众对档案文化产生误解，进而影响其长期传播的可持续性。

3. 新媒体平台的商业化运作模式难以获得长期的资源支持

许多新媒体平台依赖广告收入或订阅服务维持运营，这使得平台更倾向于推广能够带来流量和商业收益的内容，而档案文化由于其受众相对较少、内容较为严肃，往往不被平台所优先推荐。这种商业化驱动的传播机制导致了档案文化在新媒体平台上的边缘化，难以获得长期的传播资源支持。

新媒体平台上档案内容的版权保护与使用许可问题也影响了档案文化的可持续性。许多档案内容在未经授权的情况下被广泛传播，导致档案所有者或高校难以对档案文化的传播进行有效管理和控制。这不仅损害了档案内容的完整性，还可能导致档案文化在传播过程中丧失其历史性和真实性，从而影响其可持续性。

（三）新媒体平台上档案文化的版权与隐私问题

新媒体平台在促进档案文化传播的同时，也带来了复杂的版权和隐私问题。档案文化的数字化和在线传播虽然扩大了档案内容的受众范围，但也增加了内容被侵权、滥用以及隐私泄露的风险。如何在新媒体平台上保护档案文化的版权与隐私，是高校档案馆面临的重要挑战。

1. 版权问题

档案资料通常具有较高的文化与学术价值，其所有权归属于高校或相关机构。然而，由于新媒体平台的开放性，档案内容常常在未经授权的情况下被复制、下载、篡改或再传播。这种未经授权的传播不仅侵犯了档案资料的版权，还可能导致内容被扭曲，进而影响档案文化的真实性和完整性。

2. 法律与技术难题

当前的版权法虽然规定了数字内容的版权保护，但在实际执行过程中，由于互联网的全球性与新媒体平台的复杂性，版权的追踪与维权非常困难。许多新媒体平台缺乏有效的版权管理机制，使得高校档案馆难以对档案内容的版权进行有效控制。即使发现侵权行为，维权过程往往复杂而漫长，给档案馆带来了极大的法律与管理压力。

3.隐私问题

档案内容中可能涉及个人隐私、机密信息或敏感数据，尤其是在涉及历史事件、知名人物或社会问题的档案资料中，这些隐私信息一旦在新媒体平台上被不当传播，可能导致严重的社会后果。新媒体平台的开放性和传播速度加剧了隐私信息泄露的风险，一旦隐私信息被非法获取或传播，档案所有者可能面临法律纠纷和社会责任。

新媒体平台上档案隐私保护的难点在于，用户在平台上发布和分享档案内容时，往往忽视了隐私保护的必要性。许多用户未经审核或授权便将档案内容上传至社交媒体或公开平台，导致隐私信息的泄露。此外，新媒体平台本身对用户上传内容的审核机制也不够完善，隐私保护措施的缺失使得档案内容的隐私问题变得更加复杂。

第三章

高校档案文化建设的理论基础

第一节　档案学理论对档案文化建设的支持

一、档案服务理论与档案文化传播

（一）档案服务的理论基础

档案服务的理论基础是档案学的重要组成部分，它直接影响到档案文化传播的效果与社会功能的实现。档案服务的核心目标是通过提供高效、规范的档案信息服务来满足社会各界的需求，这其中涵盖了政府、企业、学术机构以及个人的多样化需求。因此，档案服务的理论基础首先基于对社会需求的准确分析，识别不同受众群体在文化、教育、研究等方面对档案资源的需求，以便提供有针对性的服务。这种需求导向的服务理念需要在档案管理中深入贯彻，以确保档案服务能够灵活适应社会变化，并为社会进步提供有力支持。

1. 服务模式

传统的档案服务理论中，档案服务主要依赖于物理资源的调配与现场服务。然而，随着社会的信息化、数字化进程加快，档案服务模式也在不断演进。从提供单一的实体档案借阅，到如今的数字档案服务、远程服务、在线检索等多样化的服务方式，档案服务理论已经形成了以用户为中心的服务体系。这一体系不仅考虑到服务效率的提升，还在档案的存储、检索、传递过程中加入了信息技术支持，以满足公众对便捷、即时档案服务的需求。

2. 标准与规范

档案服务作为一种专业服务，其理论基础要求在服务过程中遵循一系列的标准与规范。这包括档案的分类、保存、借阅、数字化处理等各个环节的规范化操作，以确保档案资源能够被有效利用，并在使用过程中保持档案的完整性与真实性。标准化与规范化服务不仅能够提高档案服务的质量，还能够确保档案在服务社会的过程中不失其文化价值与历史真实性。通过服务的标准化，档案机构可以建立起稳固的信任关系，为档案文化传播奠定良好的基础。

3. 人本理念

档案服务不仅仅是提供信息和档案的简单过程，还涉及档案利用者的情感体验和服务感受。服务理论中，人本理念强调服务人员应具备较高的职业素养和服务意识，能够在提供服务的同时注重用户的体验感。优质的服务不仅能够提升档案文化传播的质量，还能够吸引更多的用户群体，增强档案文化的影响力。这种人性化的服务理念使档案服务不仅具有功能性，更具有社会性与文化性，提升了档案文化传播的社会效益。

（二）档案服务中的文化创新

档案服务中的文化创新是现代档案学的重要课题。随着信息技术的飞速发展和社会文化的多元化需求，档案服务中的文化创新不仅仅是一种必要的发展方向，更是一种应对社会转型和文化变革的必然选择。文化创新的核心在于将档案资源的文化价值充分挖掘，并通过创新的服务方式、技术手段将这些文化资源传播到更广泛的受众中去。这一过程要求档案服务不再仅仅局限于信息提供的功能，而是要成为文化传播、文化传承的重要力量。

1. 内容创新

档案不仅是记录历史的载体，还是文化的重要组成部分。在档案服务过程中，通过对档案内容的深入挖掘与重新解读，可以发掘档案中所蕴含的文化价值，并将这些文化内涵通过多样化的方式传递给公众。例如，在档案展览、档案文化节等活动中，可以通过精选档案内容，配以文化解读，提升公众对档案文化的认知。这种内容创新不仅能够增加档案服务的吸引力，还能够提升档案的文化传播效应，使其在社会文化建设中发挥更大的作用。

2. 传播方式创新

传统的档案传播主要依赖于馆藏展览、出版物等方式，而现代社会中的档案传播则更多地借助了数字技术与新媒体的力量。通过数字化、信息化的手段，档案文化能够以更加便捷和灵活的方式触达受众。比如，档案数字化数据库、档案文化传播平台、社交媒体中的档案文化展示等，都是档案传播方式创新的重要体现。传播方式的创新不仅扩大了档案的传播范围，还打破了传统档案传播中的时间和空间限制，使档案文化能够在全球范围内传播和共享。

3. 技术创新

现代档案服务离不开技术的支撑，尤其是在数字化、信息化和智能化技术的推动下，档案服务正迎来前所未有的发展机遇。技术创新为档案服务带来了更多可能性，比如大数据、人工智能、虚拟现实等技术的应用，使档案文化的展示更加生动、形象。通过技术创新，档案文化传播可以超越单一的静态展示模式，转向更加互动、动态的传播方式。技术的创新不仅提高了档案的可利用性，还增强了档案文化传播的体验感，使受众能够更深刻地感受到档案中的文化内涵。

4. 制度创新

文化创新不仅是技术和内容的创新，还涉及制度层面的保障与推动。在档案服务中，必须构建起创新性的管理制度，支持文化传播的多样化需求。制度创新包括对档案服务流程的优化、对创新项目的鼓励与支持、对跨部门合作的促进等。这种制度创新为文化创新提供了制度保障，使档案文化传播不再局限于某一固定的模式，而是能够在制度的支持下持续创新与发展。管理创新也为文化创新创造了条件，通过合理配置资源、优化档案服务流程，管理者可以提升档案文化传播的效率与效果。

（三）档案服务与档案文化传播的互动模式

档案服务与档案文化传播之间存在着密切的互动关系，这种互动模式不仅促进了档案资源的有效利用，还推动了档案文化在社会中的广泛传播。档案服务的核心是为社会各界提供档案资源的利用渠道，而档案文化传播的核心则在于通过这些渠道将档案的文化价值传递给社会。

1. 传播方式与服务方式的相互促进

随着数字化技术的普及，档案文化的传播方式发生了巨大变化，不再局限于传统的实体展示，而是通过网络、移动端等数字平台实现了更加广泛的传播。这种传播方式的变革促使档案服务方式也发生了相应的调整。数字化的档案服务不再仅仅是提供资源检索和借阅，而是更多地参与到文化传播的互动过程中，提供在线展览、虚拟体验、互动活动等多样化的服务形式。这些新的服务形式为档案文化传播提供了更加丰富的媒介，增强了受众的参与感与体验感。

2. 信息技术的整合应用

在现代信息社会，技术的进步为档案文化传播带来了全新的契机，也为档案服务的创新提供了动力。通过大数据、人工智能、虚拟现实等技术手段，档案服务可以更加精准地识别受众的需求，进而提供定制化的文化传播内容。技术的应用不仅提高了档案文化传播的效率，还增强了传播的效果，使档案文化能够更加生动、立体地呈现出来。档案服务通过技术手段与文化传播的深度融合，形成了更加紧密的互动模式，推动了档案资源的多维利用与传播。

3. 跨部门合作与资源整合

档案文化的传播不仅仅是档案管理部门的工作，还需要与其他文化机构、媒体平台、学术研究机构等展开合作，通过资源共享与联合传播实现更大的社会影响力。档案服务在这一过程中充当了协调者与推动者的角色，通过服务平台的搭建、传播渠道的拓展，为档案文化传播提供技术支持与资源保障。这种跨部门的互动模式不仅提高了档案文化的传播广度，还使得档案资源在多元化的传播场景中得到了充分的利用与展示。

（四）档案服务中的公众参与机制

公众参与是档案服务的重要组成部分，随着档案文化传播的多元化发展，公众的角色从被动的接收者逐渐转变为主动的参与者。档案服务中的公众参与机制不仅增强了档案文化传播的互动性，还提升了档案资源的利用效率与社会影响力。首先，公众参与机制体现在档案资源的开放与共享上。通过开放档案资源，档案机构可以吸引更多公众参与到档案服务中来，促进档案文化的传播与推广。在这一过程中，公众不再是单纯的信息接受者，而是通过主动参与档案资源的整理、研究、展示等活动，成为文化传播的重要力量。

1. 公众的需求反馈与服务改进

在现代档案服务中，公众的需求是推动服务创新的重要动力。档案机构可以通过问卷调查、线上互动、公众论坛等方式了解公众对档案服务的意见与建议，并根据这些反馈信息不断优化服务内容与形式。公众参与不仅能够提高档案服务的针对性与实用性，还能够为档案文化传播提供更加多样化的视角与思路。通过公众的积极参与，档案文化传播可以更加贴近社会现实，满足不同群体对文化资源的需求。

2. 档案资源的开发与创新

公众不仅可以参与到档案资源的利用中，还可以通过创新的方式将档案资源转化为新的文化产品。例如，公众可以通过创意设计、文化创作等方式，将档案资源中的文化元素融入现代文化产品中，形成新的文化传播形式。这种创新性参与不仅拓宽了档案文化的传播渠道，还提升了档案资源的社会价值与文化影响力。通过公众的创新参与，档案文化传播不再局限于传统的展示与传播方式，而是通过多样化的创新形式走进公众生活，增强了档案文化的传播效果。

3. 制度与政策的支持

为了推动公众更广泛地参与档案服务，档案机构需要制定相应的政策措施，鼓励公众积极参与档案资源的利用与传播。这包括开放档案资源、提供便利的参与渠道、设立公众参与的激励机制等。通过政策的支持，公众参与机制能够更加制度化、规范化，为档案文化传播提供更加坚实的基础。制度化的公众参与不仅有助于提高档案服务的效率，还能够增强档案文化的社会认同感与归属感，推动档案文化传播的可持续发展。

二、档案管理与档案文化资源整合

（一）档案文化资源整合的目标与原则

1. 档案文化资源整合的目标

档案文化资源整合的目标在于通过系统化管理与整合，将散落于不同机构、不同形式、不同时间段的文化资源进行合理规划、有效融合，以便更好地保护、利用与传播这些资源。档案文化资源整合不仅是为了满足当前的需求，更是为了面向未来的长期发展。因此，在整合过程中应设立明确的目标，确保资源的可持续利用与合理配置。这些目标包括资源的共享、开放性、安全性与长期保存的保障，档案管理的整体运作必须服务于这些核心目标。

2. 档案文化资源整合的目标原则

首先是"统一管理"原则，确保所有档案资源在整合过程中保持一致性、规范性，避免资源的重复保存或遗漏。其次是"公平性与普惠性"原则，确保不同类型、不同群体的档案文化资源均能够得到合理利用，推动档案文化资源的广泛共享。最后是"保护优先、合理利用"的原则，即在整合过程中，档案资源的保护应当优先利用，防止资源在整合过程中因为技术或管理失误而遭受破坏。资源整合不仅要考虑文化价值的发掘与展示，更要注重档案原件的完整性与安全性，避免文化遗产的不可逆丧失。

（二）档案管理中的文化资源整合策略

档案文化资源整合是一项复杂的系统工程，涉及多种策略的协同应用。首先是"分类整合策略"，即根据档案文化资源的类型、内容、来源等进行分类处理，这样能够更好地将不同档案资源归入相应的类别，便于后续的管理和利用。分类整合不仅能提升资源利用的效率，也能避免在整合过程中因资源差异过大而导致的混乱。在分类整合的基础上，还需要"逐级整合"策略，即根据资源的重要性和紧急性进行分步整合，优先处理那些亟需保存和使用的档案资源。

同时，还应引入"多维整合策略"。这一策略强调档案管理中不单纯依赖传统的物理整合手段，而是综合运用数字化、信息化等现代技术手段，实现物理资源与数字资源的深度整合。例如，档案资源可以通过信息化系统进行多维度的索引和标签化处理，构建起更立体的档案资源管理框架。此外，"协同管理策略"也是至关重要的，这意味着档案管理部门需与其他文化机构、档案存储单位、信息技术企业等展开合作，通过资源共享与信息互通，形成一个跨部门、跨行业的档案文化资源整合生态系统。这一生态系统不仅能够加强资源的整合效率，还能为档案文化资源的多样性利用提供技术支持和内容保障。

（三）档案资源数字化整合的技术

档案资源的数字化整合是现代档案管理的重要趋势之一。数字化技术能够将传统纸质档案、声像档案等实体资源转化为电子数据，使其能够通过信息系统实现存储、检索、共享与传播。数字化整合的核心在于档案资源的信息化、数据化与标准化。首先是资源的"信息化处理"，即通过扫描、录入、标注等手段将实体资源转化为电子数据，这一过程需要高度精密的技术支持，以确保资源的完整性与可读性。其次是资源的"数据化管理"，即在信息化处理后，利用数据库技术对档案资源进行分类管理，并建立起详细的资源索引和元数据，方便后续的检索与调取。数据化管理的目标是使得档案资源能够在不同平台、不同系统中实现无缝对接与共享。

在资源数字化过程中，不同单位、不同系统对档案资源的数字化处理方式、格式、标准等可能存在差异，这将影响资源的整合效率与可用性。因此，档案管理中应推行统一的数字化标准，包括格式标准、命名规范、数据结构等，从而确保档案资源能够在不同平台、不同系统之间实现互联互通。同时，档案资源的数字化整合不应限于现有资源的转化，还应注重"动态更新"与"长期保存"，即在新资源不断涌现的情况下，及时进行数字化处理并纳入整合系统，确保档案文化资源的持续性与完整性。

（四）档案文化资源整合中的数据标准化问题

在档案文化资源整合中，数据标准化是一个关键的挑战。数据标准化不仅关系到资源的可读性与统一性，还直接影响到后续的整合与共享。数据标准化的核心是构建统一的档案数据格式、数据编码规则与数据传输协议，使得档案资源能够在不同系统之间顺利流通。档案管理部门应在数字化整合的基础上，逐步建立起统一的标准化体系，以确保不同档案资源在整合过程中能够保持一致性。

数据标准化主要包括"数据格式标准化"和"数据传输标准化"两个方面。数据格式标准化是指档案资源在数字化过程中应遵循统一的格式规范，无论是文本档案、声像档案还是图像档案，都应使用相同或兼容的格式，以便不同资源能够在同一平台上进行处理。数据传输标准化则是确保档案资源在不同系统、不同平台之间进行传输时不出现数据丢失或信息错误的问题。通过推行统一的数据标准，可以大幅提高档案资源整合的效率，确保资源的完整性和可用性。

（五）档案资源整合中的协同管理机制

档案文化资源整合并不仅仅是技术上的挑战，还涉及管理体制与协同机制的构建。为了实现资源的有效整合，档案管理部门需要与其他文化机构、档案存储单位、学术研究机构、技术服务提供商等各方协作，构建起一个多方参与的协同管理机制。这一机制不仅要考虑到各方的利益诉求，还需要解决资源共享过程中可能出现的制度性障碍与管理难题。

协同管理机制的建立需要通过"合作协议"或"框架协定"来明确各方在档案资源整合中的角色与责任，确保资源共享过程中各方的权益都能得到保障。同时，档案管理机构应建立一个"中央协调机构"，负责统筹管理档案文化资源的整合事宜，协调各方在资源整合中的任务分配与执行。这一机构还应具备跨部门、跨领域的管理能力，能够在不同的档案存储平台、技术服务机构之间实现高效对接。

三、档案学理论对档案文化品牌建设的支持

（一）档案文化品牌的定义与内涵

档案文化品牌是近年来档案学领域逐渐发展起来的一个新兴概念。它不仅涵盖了档案

作为文化载体的历史价值与社会功能，还结合了品牌学理论，将档案文化的传播与影响力推向更高层次。档案文化品牌的核心在于将档案资源的文化内涵与档案服务的社会价值通过品牌化的方式进行整合，使其在社会中树立独特的文化形象与认知。这种品牌化不仅能够增强档案文化的可见度，还能提升档案文化在公众中的认同感与美誉度，形成一种长期的社会影响力。

档案文化品牌的定义包括两个重要维度：其一是档案资源本身的独特性。作为一种文化载体，档案承载着历史、社会、政治等多方面的记忆与信息，这种独特性使得档案在文化传播中具有不可替代的地位。档案文化品牌的塑造首先要从档案资源的独特性出发，挖掘其蕴含的文化价值，并通过品牌化的方式将这种独特性传播出去。其二是品牌传播的影响力。档案文化品牌不仅要具备档案资源的独特性，还必须具备品牌所应有的社会影响力与传播效果。档案文化品牌的构建过程实际上是一个从资源挖掘到品牌推广的综合过程，既要确保档案资源的文化内涵能够得到充分的展现，又要通过品牌推广的方式使其在社会中形成深远的影响力。

档案文化品牌的内涵包括文化性、历史性、创新性与持续性。首先，文化性是档案文化品牌的核心内涵，档案文化品牌必须能够体现出档案资源的文化价值与社会功能，通过品牌化的传播途径，将档案中的文化内涵传递给社会。其次，历史性是档案文化品牌的基础，档案资源本身具有历史的沉淀与记忆，品牌化过程中的传播与推广应注重展现这一历史性，使档案文化品牌能够与历史记忆紧密结合。再次，创新性是档案文化品牌的重要特征，品牌化过程中必须注重创新，通过现代化的传播手段与形式，将档案资源的传统内涵与现代社会需求结合起来。最后，持续性是档案文化品牌的目标，档案文化品牌的建设不仅是一时之需，而是一个长期的过程，通过持续的品牌塑造与传播，使档案文化品牌在社会中具有持久的影响力。

（二）档案文化品牌塑造的理论依据

1. 档案学理论

档案学理论中的核心内容如档案的保存与利用、档案资源的开发与传播等，为档案文化品牌的建设奠定了理论基础。档案学理论强调档案资源的保护与利用之间的平衡，而档案文化品牌的塑造则是在保护档案资源的前提下，最大限度地发挥其文化传播功能。这种理论上的支持确保了档案文化品牌在塑造过程中不会偏离档案学的基本原则，能够在品牌推广的同时保持档案资源的完整性与真实性。

2. 品牌学理论

品牌学理论涉及品牌的构建、传播与维护等多个方面，其核心在于通过品牌形象的塑造来提升产品或服务的社会认知度与影响力。在档案文化品牌的塑造过程中，品牌学理论提供了重要的指导，如品牌定位、品牌识别、品牌传播策略等。这些理论帮助档案机构确定档案文化品牌的核心价值与传播路径，通过有效的品牌策略，使档案文化能够在社会中占据一席之地，形成独特的文化影响力。品牌学理论强调品牌的个性化与差异化，这一点对档案文化品牌的塑造尤为重要。档案文化品牌必须能够凸显出档案资源的独特性，与其他文化品牌形成区隔，才能在激烈的文化传播竞争中脱颖而出。

3. 文化传播学理论

文化传播学强调信息的传递过程以及传播媒介的作用，尤其是在现代信息社会中，文化传播的多样化趋势为档案文化品牌的推广带来了新的机遇与挑战。档案文化品牌的塑造不仅需要依赖传统的文化传播方式，还必须借助现代媒介如互联网、社交媒体等，拓展档案文化品牌的传播渠道与影响范围。文化传播学理论为档案文化品牌的跨媒体传播提供了方法论支持，帮助档案机构制定有效的传播策略，以最大化档案文化品牌的社会影响力。

（三）档案学理论与文化品牌传播的结合

档案学理论主要关注档案资源的保存、利用与开发，而文化品牌传播则强调如何通过品牌化的方式将这些档案资源的文化价值传递给社会。因此，档案文化品牌的成功建设在于能够将档案学理论中的专业知识与文化品牌传播中的市场化策略有效结合，形成一种既具有文化深度又具备市场竞争力的品牌传播模式。

档案学理论中的档案保存与利用原则为文化品牌传播提供了基本的框架与限制条件。在档案文化品牌传播过程中，档案学理论要求对档案资源的使用必须基于保护的前提，不得损害档案资源的完整性与真实性。因此，在进行文化品牌传播时，档案机构必须在传播策略中充分考虑到档案资源的保护问题，确保档案文化品牌的推广不会对档案资源造成损害。这种结合使得档案文化品牌能够在保持学术性与专业性的基础上进行传播，避免品牌化过程中出现的过度商业化倾向。

文化品牌传播的市场化策略为档案学理论的应用提供了新的视角与方法。文化品牌传播强调通过品牌形象的塑造与推广，增强文化产品的市场竞争力与社会影响力。在档案文化品牌的传播过程中，档案学理论中的资源开发与利用原则可以与品牌传播策略相结合，通过市场化的方式提升档案文化的传播效果。例如，档案资源的开发与展示可以通过品牌化的传播途径，如线上展览、文化产品开发等形式，扩大档案文化的受众范围。这种结合不仅丰富了档案学理论的应用场景，还为文化品牌传播注入了新的文化内涵与价值。

档案学理论与文化品牌传播的结合还需要考虑到长期的品牌维护与更新。档案文化品牌的塑造不是一蹴而就的，而是需要长期维护与不断更新的过程。档案学理论中的档案管理与保存原则为品牌的长期维护提供了基础支持，而文化品牌传播中的更新与创新策略则为品牌的持续发展提供了动力。通过档案学理论与文化品牌传播的结合，档案文化品牌能够在保持其文化内涵与学术价值的同时，不断适应社会的变化与发展，确保其在长期的文化传播过程中保持活力与影响力。

第二节　文化传播学对档案文化建设的启示

一、文化传播学的基本理论

（一）文化传播学的起源与发展

文化传播学的起源可以追溯到20世纪初期，尤其是大众传播工具的出现为这一学科提供了理论基础。文化传播学作为一门学科，研究的重点在于信息和文化在社会中的传播过程及其影响。早期的传播学理论更多地关注传播媒介对信息传递的影响，而文化传播学则将焦点扩大到文化元素的传递与交流，特别是如何通过传播媒介影响文化的接受、扩散以及变迁。20世纪中叶，随着电视、广播等大众传播媒介的兴起，文化传播学得到了快速发展，研究者开始从符号学、社会学、心理学等多学科角度探讨文化传播的内在机制。

文化传播学的发展是与社会进步和科技创新密切相关的。随着印刷术、广播、电视、互联网等传播工具的不断演进，文化传播学的研究对象从单一的文本传播逐步拓展到更为复杂的多媒体传播环境。近年来，随着数字化和网络化的深入发展，文化传播学的理论框架不断被扩展，尤其是在新媒体环境中，文化传播已经不仅仅是信息的简单传递，而是一种互动式、参与式的文化交流。文化传播学的演进逐渐从对传播媒介和传播过程的单一研究，转向了对文化本身在传播过程中的转型、重构以及全球化背景下的跨文化传播等问题的深层次探讨。

随着全球化的深入，文化传播学也呈现出国际化、多元化的特点。不同文化之间的相互交融和碰撞，使得文化传播不再局限于单一的国界或文化圈内，而是形成了全球范围内的文化交流与互动。文化传播学逐渐关注跨文化传播的复杂性和动态性，这一领域的研究不仅限于传统文化的传承和传播，还涵盖了当代文化现象的分析和反思。可以说，文化传播学的起源与发展不仅为文化传播实践提供了理论支持，也为社会变迁和文化进步提供了深刻的洞察。

（二）文化传播的核心概念与框架

文化传播学的核心概念包括传播者、媒介、信息、受众和反馈，这些要素共同构成了文化传播的基本框架。传播者是文化信息的发出者，通常是文化生产者、艺术家、作家或媒体机构。传播者的选择和表达方式直接影响文化传播的效果和文化信息的接受程度。媒介则是文化传播的载体，随着技术的进步，媒介的形式越来越多样化，从最初的口头传播、书籍、报纸到现代的互联网、社交媒体、虚拟现实等多种传播手段，媒介在文化传播中的角色也发生了根本性的变化。

信息是文化传播的核心，通常指文化内容本身，包括文本、影像、音乐、艺术等各种形式。文化传播学不仅研究信息的内容，还关注信息的符号化过程，即文化如何通过符号系统传递出来并被受众解读。符号学是文化传播学中的一个重要分支，研究符号如何在文化传播中构建意义。符号化的信息在传播过程中经过媒介的处理和转换，再传递给受众，受众对信息的解读不仅依赖于信息本身，还与受众的文化背景、知识储备和社会环境密切相关。

受众是文化传播的终端，是信息的接收者和解读者。文化传播学强调受众的主动性，认为受众不仅是被动接受文化信息的对象，还是文化传播过程中意义的构建者。不同的受众群体可能对同一信息产生不同的理解和反应，这种多样化的解读体现了文化传播的复杂性和多维性。此外，文化传播中的反馈机制也是核心框架中的重要环节，反馈是受众对文化信息的回应，反馈的有效性直接影响到文化传播的持续性和改进。在现代传播环境中，反馈通过社交媒体、评论、用户生成内容等多种形式迅速而直接地传递给传播者，形成了传播的双向互动。

（三）现代文化传播的媒介与模式

现代文化传播的媒介与模式已经发生了巨大的变化。传统媒介如书籍、报纸、广播和电视等仍然在文化传播中占据重要地位，但数字化时代的到来使得互联网和社交媒体成为了文化传播的主流媒介。互联网的普及极大地改变了文化传播的模式，它突破了时间和空间的限制，使文化信息能够在全球范围内迅速传播。这种传播的即时性和广泛性，促使文化传播的速度、广度和深度都达到了前所未有的水平。

数字化时代的文化传播模式更加强调互动性和参与性。在传统的传播模式中，传播者和受众之间的关系是单向的，受众处于被动接收的状态。而在数字化传播模式中，受众的角色发生了根本性的变化，他们不仅是信息的接收者，还是信息的生产者和传播者。社交媒体、视频分享平台、博客等新兴媒介，使得每一个用户都可以成为文化传播的参与者和推动者。这种互动式传播模式的出现，打破了传统的文化传播结构，使文化传播不再是精英主导的单向过程，而是变成了一个多主体参与的互动网络。除了互动性，现代文化传播的个性化和定制化趋势也越来越明显。通过大数据和算法技术，数字媒介可以根据受众的兴趣、行为和偏好，向其推荐定制化的文化内容。这种个性化的传播模式不仅提高了文化传播的精准性，还使受众能够获得更符合自己需求的文化体验。然而，个性化传播模式也带来了信息茧房和同温层效应的问题，受众在个性化推荐中可能会被局限在相同的信息圈层中，难以接触到多样化的文化信息，这对文化传播的广泛性和多样性构成了挑战。

现代文化传播的模式还体现在跨平台、多媒介的融合趋势中。随着技术的进步，文化传播的边界变得越来越模糊，传统媒介和新兴媒介之间的界限逐渐消失，形成了多媒介融合的传播生态。例如，影视、音乐、文学等文化形式可以通过不同的媒介进行跨平台传播，增强了文化传播的广度和深度。这种融合模式不仅提高了文化产品的传播效率，还创造了新的文化体验，使文化传播的形式更加丰富多样。

二、文化传播学对档案文化传播的理论支持

（一）文化传播学的多样化传播策略

文化传播学为档案文化的传播提供了多样化的策略支持，这些策略通过多维度的传播方式将档案资源的文化价值有效地传递给社会。文化传播学的多样化传播策略首先强调跨媒介传播，这一策略要求档案文化传播不再局限于单一的传播途径，而是充分利用不同媒介的特点，形成多渠道、多形式的传播网络。在现代社会中，档案文化不仅可以通过传统的出版物、展览等方式传播，还可以借助新媒体平台如互联网、社交媒体、视频平台等，实现更广泛的受众覆盖。跨媒介传播使档案文化能够以更加丰富的形式展现出来，增强了

文化传播的影响力。

此外，文化传播学中的定向传播策略也为档案文化传播提供了重要的理论支持。定向传播策略强调根据不同的受众特点采取差异化的传播方式，使文化传播更加精准有效。在档案文化传播中，受众群体往往具有不同的背景、兴趣和需求，文化传播学通过对受众的分类研究，帮助档案机构更好地理解受众的需求，并为其提供更加符合其兴趣的档案文化内容。这种差异化的传播方式能够增强受众的参与感与认同感，提升档案文化传播的效果。

（二）档案文化传播中的受众定位与分析

文化传播学在档案文化传播中的另一个重要理论支持是受众定位与分析。文化传播的有效性在很大程度上取决于对受众的准确定位与理解。在档案文化传播中，不同的受众群体有着不同的文化需求和兴趣，只有通过准确的受众定位，才能制定出符合其需求的传播策略。文化传播学为档案文化传播提供了受众分析的理论框架，通过对受众的年龄、职业、文化背景、兴趣爱好等多方面的分析，档案机构能够更加精准地定位其目标受众，进而制定相应的传播计划。

受众分析不仅能够帮助档案机构更好地理解受众的需求，还能够提高文化传播的针对性与有效性。通过文化传播学的受众分析理论，档案文化传播可以根据不同受众群体的特点进行内容的调整与优化。例如，对于年轻受众，档案文化传播可以更加注重多媒体元素的使用和互动性的增强，而对于年长受众，则可以更多地注重档案文化的历史性与教育性。这种基于受众分析的传播策略使得档案文化传播能够更加有效地触及不同层次的受众群体，提升传播的广度与深度。

此外，受众分析还涉及受众行为的研究。文化传播学通过对受众行为的研究，揭示了受众在不同传播情境下的接受方式与解读模式。在档案文化传播中，受众行为的研究可以帮助档案机构更好地设计传播内容与传播方式，使其更加符合受众的接收习惯与文化偏好。例如，文化传播学中的受众行为研究可以揭示出受众对档案文化传播中的互动性和参与性需求，这为档案文化传播的设计提供了重要的参考依据。

（三）文化传播中的符号学应用与档案文化解读

符号学作为文化传播学中的一个重要分支，为档案文化的传播与解读提供了重要的理论支持。符号学关注文化传播中的符号系统及其意义的构建与解读，在档案文化传播中，符号学理论帮助我们理解档案资源中的符号系统及其文化意义的传递过程。档案文化作为一种符号化的文化现象，其传播与解读都依赖于符号学理论中的符号化、编码与解码过程。符号学的应用使档案文化传播不再仅仅是信息的简单传递，而是文化意义的深层次传达与构建。

在档案文化传播中，符号学理论首先帮助我们理解档案资源中的符号化过程。档案资源不仅仅是历史信息的记录，它们往往承载着深厚的文化内涵，这些文化内涵通过符号化的方式被记录并传递出去。符号学理论帮助档案文化传播者识别出这些符号系统，并通过解码过程将其文化意义展现给受众。符号学还为档案文化传播中的符号选择与设计提供了指导，例如，档案文化传播中的文本、图像、符号等都需要通过符号学理论进行合理的设计与运用，以确保其文化意义能够准确传递给受众。

（四）媒介融合对档案文化传播的启示

媒介融合指的是不同传播媒介之间的相互渗透与融合，它打破了传统媒介之间的界限，使文化传播变得更加多元化并具有综合性。在档案文化传播中，媒介融合的应用不仅扩展了档案文化的传播渠道，还丰富了档案文化的传播形式，使其能够通过多种媒介同时传播，增强了文化传播的广度与深度。

媒介融合对档案文化传播的影响首先体现在传播渠道的多样化上。在传统的档案文化传播中，档案文化主要依赖于实体馆藏、出版物等有限的传播途径，而在媒介融合的背景下，档案文化传播得以突破这些传统渠道的限制，通过互联网、移动设备、虚拟现实等多种媒介进行传播。媒介融合使档案文化能够更加便捷地触达更广泛的受众，同时也为档案文化传播提供了更多的传播场景与传播形式。例如，通过线上展览、虚拟档案室等方式，受众可以更加灵活地接触到档案文化，这种跨媒介传播大大提高了档案文化的可及性与传播效果。

此外，媒介融合还促进了档案文化传播形式的创新。在媒介融合的背景下，档案文化传播不再局限于单一的文本或图像展示，而是通过多媒体、互动式传播等方式，使档案文化传播变得更加生动、立体。例如，通过视频、音频、动画等多媒体形式，档案文化传播可以更加直观地展现档案资源的文化内涵，增强了受众的体验感与参与感。这种传播形式的创新不仅提高了档案文化的吸引力，还为档案文化传播注入了新的活力。

第三节　信息管理学与档案文化的整合

一、信息管理学的基本理论

（一）信息管理的核心概念与框架

信息管理学的核心概念包括信息、数据、知识、信息系统和信息技术等多个要素。这些概念共同构成了信息管理的理论框架，并在实际操作中提供了指导原则。

1. 信息与数据

信息与数据之间的区别是信息管理的基础概念。数据指的是未经处理的原始事实和数字，而信息则是经过加工、组织和解释的有意义的数据。信息管理的目标是在复杂的组织环境中，将海量数据转化为有价值的、可操作的知识，支持决策和业务流程的优化。

2. 知识管理

知识管理是信息管理的重要组成部分，涉及如何将信息转化为知识，并通过知识的共享与应用为组织创造价值。知识管理强调的不仅是信息的收集与存储，还包括知识的创造、传递和应用，这一过程往往依赖于组织内部的信息流动和员工之间的协作。知识管理在信息管理学中的重要性随着知识经济的发展愈加突出，成为推动组织创新和竞争优势的重要手段。

3. 信息系统

信息系统是实现信息管理目标的重要工具，信息系统的核心功能是支持组织的信息流动、存储、处理和利用。信息系统不仅包括硬件和软件，还涉及数据的流动、用户的行为以及系统的管理与维护。现代信息系统的复杂性逐步提升，涵盖了数据库管理系统、企业资源规划（ERP）系统、客户关系管理（CRM）系统等多个层面。这些信息系统在信息管理学的框架下，共同支持组织的日常运营和战略决策。

（二）信息管理技术在现代社会中的应用

在现代社会中，信息管理技术已经渗透到各个领域，其应用范围从商业、政府到教育、医疗等各个行业，发挥着关键的作用。信息管理技术的核心在于高效处理和利用大量的信息资源，帮助组织提高运营效率、优化决策过程并创造竞争优势。

在商业领域，信息管理技术广泛应用于供应链管理、客户关系管理和企业资源规划等系统，通过集成不同部门的信息流动，优化资源配置，提升业务效率。通过信息管理系统，企业可以更快地获取市场变化的动态，并做出更加灵活的应对策略。

在政府部门，信息管理技术的应用帮助提高了公共服务的效率和透明度。电子政务系统的建设使得信息的采集、处理和传播更加便捷，政府机构可以通过信息管理技术提供更高效的公共服务，如税务管理、人口统计、社会福利发放等。同时，信息管理技术还提高了政策制定的科学性和数据支持的全面性，使得政府能够基于大数据分析做出更为精准的决策。

在教育领域，信息管理技术改变了传统的教学模式和管理方式。信息化的教学管理系统不仅可以高效地管理学生的信息，还支持在线学习平台、虚拟课堂等新兴的教育模式。信息管理技术使得教师、学生、教育机构之间的互动更加便捷，实现了教学资源的共享与优化。通过信息管理技术，教育资源不再受限于地理条件，学生可以通过互联网获取全球范围内的优质教学内容，极大地扩展了教育的覆盖面和质量。

在医疗领域，尤其是在电子健康档案、远程医疗、临床决策支持系统等方面发挥了重要作用。通过信息管理技术，医疗机构可以对患者信息进行有效的管理，减少信息传递中的错误，提升医疗服务的质量和效率。此外，信息管理技术还为公共卫生管理、医疗研究和健康数据分析提供了有力支持，为现代医疗的发展提供了坚实的技术基础。

（三）信息管理与文化资源管理的关系

信息管理学与文化资源管理的结合为文化资源的保护、开发和传播提供了全新的解决方案。文化资源管理涉及对历史文物、档案、书籍、影像、艺术作品等文化资源的系统化管理，而信息管理学则通过信息技术的应用，使这些资源的管理更加高效、系统化和可持续发展。信息管理与文化资源管理的结合，首先体现在信息技术对文化资源的数字化保护上。通过数字化技术，文化资源可以被长期保存并以数字形式加以再现，这不仅减少了实体资源的损耗风险，还使文化资源能够更广泛地传播与共享。

信息管理技术还为文化资源的分类、组织和检索提供了科学的手段。文化资源往往具有复杂的内容和形式，如何对这些资源进行有效的分类和管理是文化资源管理的核心任务。信息管理学通过知识分类体系、数据库管理技术等手段，使文化资源的管理更加有序和高效。例如，档案管理中可以运用元数据系统对档案资源进行详细描述和分类，使得档案的检索、调用更加便捷，提升了文化资源的利用效率。

信息管理技术还推动了文化资源的共享与传播。数字化的文化资源可以通过互联网等平台实现全球范围内的传播与利用，打破了地理和时间的限制。信息管理系统能够集成多种媒介形式的文化资源，如文字、图像、音频、视频等，实现跨平台、跨媒介的文化资源传播。信息管理与文化资源管理的结合不仅提高了文化资源的可见度，还促进了文化的多元化传播，使文化资源能够更好地服务于社会的文化需求与发展。

二、档案文化的管理与信息化趋势

（一）档案管理中的信息化需求

档案管理的信息化需求源于现代社会信息量的迅速增长和技术进步带来的管理模式的变革。传统的档案管理方法以纸质档案为基础，主要依赖手工操作进行归档、分类、存储和调取。这种模式虽然在历史上行之有效，但随着信息化社会的到来，档案的数量急剧增加，档案的形式变得多样化，手工操作已无法满足现代档案管理的需求。因此，档案管理的信息化需求变得越来越迫切。

1. 提高档案管理工作效率

信息化技术的应用使档案管理能够实现自动化处理，减少了人力的投入并提高了工作效率。档案信息化系统可以自动完成档案的归类、标引、存储和检索等操作，极大地简化了档案管理的流程，提升了档案管理的准确性和及时性。这对于大型档案馆或需要管理大量数据的机构尤为重要，因为信息化管理系统可以有效处理大量档案数据，避免了手工操作中的低效率和错误。

2. 档案管理的准确性和安全性

信息化管理系统不仅能够对档案进行精细化的分类和标注，还能够通过元数据系统对档案的内容、来源、时间等信息进行详细的记录和管理。通过信息化技术，档案管理可以实现精确的检索和调取，确保档案信息的准确性和完整性。同时，信息化管理系统可以通过加密、权限管理、备份等技术手段，提高档案的安全性，防止档案的丢失、损毁和未经授权的使用。这种对安全性和准确性的需求推动了档案管理信息化的广泛应用。

3. 档案的长期保存和高效利用

传统的纸质档案容易受损，随着时间的推移，档案的保存质量会下降。而通过信息化管理，档案可以数字化存储，不仅能够长期保存，还可以方便地进行复制和备份。数字化存储使得档案的保存更加稳定、安全，减少了档案因自然老化或人为损坏而丢失的风险。通过信息化技术，档案的调取与共享变得更加便捷，使档案资源能够被更广泛地使用和传播，从而提升了档案的利用价值。

（二）档案信息管理中的挑战与机遇

档案信息管理在数字化时代迎来了许多机遇，但也面临着一系列挑战。这些挑战不仅涉及技术层面的问题，还涉及管理、法律、社会文化等多个方面，要求档案管理者不断适应变化，解决信息化过程中出现的复杂问题。

首先，档案信息管理面临的一个主要挑战是技术更新的速度和复杂性。随着信息技术的迅速发展，档案管理系统需要不断更新和升级，以适应新的技术标准和工具。例如，云计算、大数据、区块链和人工智能等新技术的应用为档案管理带来了新的可能性，但这些技术也要求档案管理系统具有更高的兼容性和灵活性。档案管理者需要不断学习新的技术知识，以保持信息系统的高效运作，并确保档案管理能够跟上技术发展的步伐。

其次，档案信息管理中的数据安全与隐私保护也是一个重大挑战。数字化档案的广泛应用虽然提高了档案的可访问性和共享性，但也增加了信息泄露和非法访问的风险。网络攻击、数据泄露等事件可能导致大量档案信息的丢失或被不当使用。为了解决这一问题，档案管理机构需要采取严格的安全措施，如加密存储、权限管理、定期备份和网络安全防护，以确保档案信息在存储和传输过程中不会受到损害。同时，隐私保护也成为档案信息管理的重要议题，尤其是涉及个人数据的档案，如何在共享档案的同时保护个人隐私，是档案管理者需要解决的核心问题。

然而，档案信息管理中的机遇也不可忽视。信息化技术为档案管理带来了全新的发展空间。首先是数字化技术的广泛应用，传统的纸质档案可以被转化为数字格式，从而提高了档案的保存质量和利用效率。数字档案不仅可以方便地被复制、备份，还可以通过网络进行远程共享，极大地扩大了档案的影响力和可访问性。其次，信息管理系统可以通过大数据分析、人工智能等技术手段，对档案内容进行深度挖掘和分析，帮助档案管理者发现新的知识价值。例如，历史档案可以通过大数据分析揭示出新的历史规律，档案管理机构可以通过这些技术手段提升档案的研究和应用价值。

总体来看，档案信息管理的挑战与机遇是并存的。档案管理者需要在应对技术复杂性和数据安全问题的同时，抓住信息化技术带来的机遇，提升档案管理的效率与效果。通过不断优化信息管理系统，档案信息管理可以在未来实现更加智能化和高效化的发展。

（三）档案文化数字化管理的趋势

随着信息技术的不断进步，档案文化的数字化管理趋势愈加明显。数字化管理是档案管理未来的发展方向，它不仅提高了档案的保存、管理和利用效率，还推动了档案文化的广泛传播和社会共享。数字化管理的核心在于将传统的纸质档案、音像资料、照片等文化资源转化为数字格式，使其能够通过信息化平台进行存储、管理和传播。这种转变标志着档案文化管理模式的根本变革，为档案文化的保护和传承带来了全新的契机。

1. 档案资源的数字化转型

传统的档案资源通常是以物理形式存在的，诸如纸质文件、照片、录音带、录像带等，这些实体档案的保存受到时间、空间、环境等多种因素的制约。通过数字化技术，档案资源可以被转化为电子数据，存储在计算机或云端服务器中，这不仅提高了档案的保存质量，还大大降低了实体档案的损耗风险。数字化存储使得档案文化资源不再依赖于物理空间，可以实现更加灵活和高效的存取和调配。

2. 档案文化资源的共享与传播

数字化档案通过互联网或其他信息技术平台，可以实现远程访问和共享。这一趋势极大地提升了档案文化的可见度，使得更多的公众可以通过数字化平台接触到档案文化资源。特别是在公共档案馆、博物馆和学术研究机构，数字化管理使得档案文化资源可以超越地理和时间的限制，随时随地为用户提供服务。这种数字化共享的模式极大地推动了档案文化的普及与传播，也提升了社会对档案文化的认知和保护意识。

3. 智能化技术的应用

随着大数据、人工智能和区块链等技术的不断发展，档案管理的数字化已经从单纯的数据存储与共享扩展到了智能化档案分析、管理与利用。智能化技术可以帮助档案管理者对海量的档案数据进行自动分类、标注和分析，发现档案资源中的隐藏信息和潜在价值。例如，利用人工智能技术对档案中的图像、文本进行识别和分析，可以自动生成元数据和标签，极大地提升了档案的检索和管理效率。

三、信息管理学与档案文化的整合路径

（一）信息管理技术在档案文化中的应用

信息管理技术为档案文化的整合与发展提供了重要的技术支撑。信息管理学的核心是通过有效的技术手段，对信息的采集、存储、管理、分析和利用进行科学化、系统化的管理，而这些技术正好为档案文化的存储、保护、传播和再利用提供了全新的方法与路径。首先，信息管理技术通过数字化手段，将传统的实体档案转化为可在电子平台上存储和管理的数字档案。这一过程不仅提升了档案文化的存储效率，还解决了实体档案保存条件受限、易损坏等问题。数字化的档案不再局限于单一的物理空间，而是可以通过信息化管理系统随时调取和使用，极大地提高了档案资源的可访问性。

在应用信息管理技术时，数据的存储与检索是其关键部分。档案文化的管理需要建立一个完善的信息管理系统，通过数据库技术对档案数据进行科学分类与有效存储，使其在后期的调取和使用过程中能够实现快速检索。数据库的构建不仅是信息管理技术在档案文化中的一个基础性应用，还通过元数据的运用为档案的扩展利用提供了更多可能。元数据系统能够为档案文化的各项属性提供详细的描述与标识，帮助档案管理者和利用者更直观地了解档案的内容与背景，从而更有效地开展档案文化资源的管理与传播。

（二）档案文化资源的整合与分类管理

档案文化资源的整合与分类管理是信息管理学与档案文化整合中的重要内容。档案文化资源通常种类繁多，包括文本、音频、视频、图像、图纸等多种形式，如何将这些不同形式的档案文化资源进行有效整合和分类，直接关系到档案管理的效率与传播效果。信息管理学的分类与组织技术为档案文化的整合提供了系统化的解决方案。通过科学的分类标准与标引系统，档案文化资源可以根据其内容、形式、来源等多个维度进行分类和组织，使档案管理者能够更加便捷地处理和利用这些资源。

分类管理不仅有助于档案资源的科学化整合，还能够提高档案的利用率。通过信息管理技术，档案文化资源可以按照一定的主题、时间、事件等逻辑进行分类存储和组织，这种结构化的管理方式不仅便于档案的日常维护，还能够在后期的传播和利用中提高档案资源的可见度和可用性。对于档案文化传播而言，分类管理使得档案文化资源的整合更加有序，使得档案文化内容能够更好地匹配不同的传播需求。例如，在档案展览、教育活动中，档案文化资源可以根据不同的主题进行筛选和整合，增强档案文化传播的针对性与精准性。

信息管理学中的知识分类体系也为档案文化资源的管理提供了有力支持。知识分类体系能够帮助档案管理者更加科学地理解和处理档案资源的内容，通过知识图谱、分类树等工具，档案文化资源可以被更加细化地进行整理和分类，使档案文化资源的管理更加系统化。这样的分类体系不仅有助于档案管理者对档案资源进行高效管理，还能够为档案文化的传播和利用提供丰富的基础数据和信息支持，使档案文化能够更好地服务于社会的文化需求。

（三）信息管理系统在档案文化传播中的作用

信息管理系统在档案文化传播中的作用至关重要，它通过对档案资源的高效管理与信息化支持，为档案文化的广泛传播提供了技术基础。信息管理系统是档案文化传播的核心支撑平台，它通过信息的采集、处理、存储、分析和传递，使档案文化资源能够以更加灵活和高效的方式传播出去。在档案文化传播中，信息管理系统的应用不仅可以提升档案资源的传播效率，还能够通过数据分析技术为档案文化传播的精准化、个性化提供支持。

首先，信息管理系统能够通过自动化的数据处理技术，使档案文化的传播更加高效。传统的档案文化传播通常需要经过复杂的筛选、整理和手工操作，而信息管理系统通过自动化流程，可以快速完成档案资源的分类、标引、整理和发布，缩短档案文化传播的周期，提升传播效率。信息管理系统还可以通过智能检索功能，帮助受众快速找到与其需求匹配的档案文化资源，从而提升档案文化传播的用户体验。

其次，信息管理系统通过数据分析技术，为档案文化传播的策略制定提供科学依据。档案文化传播的效果往往受到多种因素的影响，受众的兴趣点、传播渠道的选择、内容的呈现方式等都直接关系到档案文化传播的效果。信息管理系统通过对受众行为数据、传播渠道数据的分析，可以帮助档案管理者了解受众的偏好和需求，优化传播内容与策略。通过信息管理系统的支持，档案文化传播能够更加符合现代受众的需求，使档案文化在传播过程中实现更好的效果。

最后，信息管理系统在档案文化传播中的作用还体现在多渠道传播的支持上。现代档案文化传播已经不再局限于单一的传播渠道，而是通过多种媒介进行广泛传播。信息管理系统通过数据的整合与分析，能够为档案文化的多渠道传播提供支持，使得档案文化资源可以通过不同的平台同时传播，从而扩大档案文化的传播覆盖范围。信息管理系统的多渠道支持使得档案文化能够触及更多的受众，提升了档案文化传播的广度和深度。

（四）档案信息的共享与安全管理

档案信息的共享与安全管理是信息管理学与档案文化整合中的关键问题。在信息化时代，档案文化的共享已经成为档案管理的重要内容之一，通过档案信息的共享，可以使得档案文化资源得到更广泛的利用与传播。然而，档案信息的共享也伴随着安全管理的问题，如何在确保档案信息安全的前提下，实现档案文化的有效传播，是档案管理中必须解决的难题。

　　信息管理技术为档案信息的共享提供了技术支持，通过云计算、数据库技术、加密技术等手段，档案信息可以在多个平台上实现共享，提升档案资源的利用率。在档案信息共享过程中，信息管理系统通过权限管理、数据加密等方式，确保档案信息的安全性。例如，通过设定不同的访问权限，档案信息可以根据不同的用户角色进行分类共享，避免信息的泄露或不当使用。

　　同时，信息管理系统在档案信息共享中的应用还体现在数据追踪与监控上。档案信息的共享需要在安全环境下进行，因此信息管理系统通过数据追踪与监控技术，可以对档案信息的使用情况进行实时监控，确保档案信息的共享过程处于可控范围内。一旦出现安全隐患或违规操作，信息管理系统可以及时预警并采取相应的措施，确保档案信息的安全。

第四节　教育学视角下的档案文化建设

一、教育学理论与档案文化的关联性

（一）教育学基本理论概述

　　教育学作为研究教育现象、揭示教育规律的学科，涵盖了多个理论和应用领域。其核心是通过教育过程影响人的全面发展，并通过知识、技能、思想等的传递塑造个体和社会的未来。教育学的主要理论包括认知发展理论、社会建构主义理论、建构主义学习理论等，这些理论强调教育对个体思维方式、行为模式的塑造作用。与此同时，教育学理论关注个体学习的方式、教育的社会功能，以及如何通过教育实践达成预期的学习目标。这些理论为档案文化建设提供了广泛的理论支持，尤其在文化教育与传播中，教育学的理论框架为档案文化的有效传承和传播奠定了基础。

　　在教育学理论的指导下，档案文化作为一种文化载体，可以通过有效的教育手段发挥其文化传播的作用。教育学理论中的建构主义强调了知识和文化的社会建构过程，而档案文化恰好能够通过档案的历史性和文化性为学生提供实践性的文化学习素材。档案文化中的历史记录不仅帮助个体建构对过去的理解，还通过教育过程引导个体反思、探讨未来的文化发展路径。通过教育学理论的引导，档案文化可以更加系统化地融入教育体系中，成为文化教育的重要组成部分。

（二）教育学对档案文化建设的影响

首先，教育学强调知识传承的系统性和连续性，这与档案文化的长期保存和传承功能高度契合。通过教育活动，档案文化得以有效传播，不仅在学校教育中发挥重要作用，还通过社会教育的途径，影响着更广泛的受众群体。教育学的理论框架为档案文化的传播提供了有力的支持，通过系统化的课程设置、教学活动和课外实践，教育者可以将档案文化融入日常教学中。

其次，教育学的实践性也为档案文化建设提供了新的发展思路。教育过程不仅仅是知识的传递，更是技能、思维方式和价值观的培养。档案文化作为一种特殊的文化资源，通过教育实践得以被激活和重新诠释。教育者可以通过课堂教学、研究项目、参观学习等多种方式，将档案文化融入学生的学习体验中，增强学生对档案文化的认知与理解。这种教育实践不仅能够提升档案文化的传播效果，还能够培养学生的历史意识和文化认同感。

（三）档案文化在教育中的功能定位

档案文化作为历史和文化的记录者，承担着知识传递的功能。档案不仅是历史事件的记录，它们还承载着重要的文化信息和社会经验。通过教育，档案文化中的知识得以传递给学生，帮助他们了解过去的历史事实和社会变迁。档案文化中的知识能够为教育提供丰富的教学素材，帮助学生在学习过程中形成对历史和文化的全面认识。

档案文化不仅记录了历史事件，还反映了不同时代的社会价值观、道德标准和行为规范。通过对档案文化的学习，学生可以更好地理解不同文化背景下的价值观，并在这一过程中反思自己的价值观和行为准则。档案文化通过教育引导学生树立正确的价值观，并通过历史的教训为他们提供现实生活中的道德指引。

档案文化是社会文化的积淀，通过教育手段，它得以代代相传。在学校教育中，档案文化不仅是历史知识的载体，也是文化认同的重要组成部分。教育者通过将档案文化融入课程教学和实践活动中，帮助学生形成对本国、本民族文化的认同感和自豪感，从而实现文化的传承并发扬光大。

（四）教育学理论在档案文化传播中的应用

1. 教育学中的建构主义理论强调学习者的主动性和知识的建构过程

这一理论在档案文化传播中得到了有效应用，档案文化不再是被动地展示，而是通过互动性和体验式的学习活动，使学习者在学习过程中主动参与到档案文化的传播中。例如，教育者可以通过项目式学习或探究式学习的方式，激发学生对档案文化的兴趣，使他们在研究和探讨档案的过程中主动建构对历史和文化的理解。

2. 教育学中的终身学习理念对档案文化传播具有重要的启示意义

档案文化传播不仅局限于学校教育，还可以通过社区教育、成人教育、职业教育等方式，面向更广泛的社会群体推广和普及档案文化。终身学习理念倡导个体在一生中不断学习和提升，通过这一理念的引导，档案文化可以融入个人的终身学习过程，成为促进个人文化修养和社会文化素养提升的重要资源。档案文化的传播可以通过多种形式展开，如社区档案展览、档案文化讲座、线上档案资源平台等，扩大其在全社会的影响力。

档案文化的传播过程中，教育者可以根据学生的兴趣、能力和学习风格，设计差异化的教学方案。例如，对于具备较强历史思维能力的学生，可以通过深度分析历史档案的方式，提升其批判性思维；对于具备视觉学习风格的学生，则可以通过图像档案和多媒体资源的展示，激发他们的学习兴趣。这种个性化的教育模式不仅提高了档案文化传播的效果，还满足了不同学生的学习需求。

二、档案文化建设中的教育理念融合

（一）档案文化与素质教育的结合

档案文化与素质教育的结合体现了现代教育对学生全面发展的重视。素质教育不仅强调知识的传授，还特别注重培养学生的综合素质，如批判性思维、创造力、合作精神和文化素养。在素质教育的框架下，档案文化可以为学生提供丰富的学习材料和实践机会，通过多样化的教学方式帮助学生全面提升个人能力和文化认知。

1. 档案文化能够为学生的文化素养和人文精神提供独特的学习材料

档案文化中蕴含着丰富的历史记忆、社会经验和文化知识，它记录了不同社会背景下的人类活动和文化现象。通过学习档案文化，学生不仅可以增长知识，还可以在历史文化的反思和比较中形成对人类文化的深刻理解。档案文化提供了一个真实的历史文化窗口，学生可以从中体会到不同历史时期的社会发展脉络，理解文化的变迁与多样性，进而培养他们的文化认同感和全球视野。

2. 档案文化在素质教育中有助于提升学生的实践能力和创造力

素质教育强调学生在实际操作中学习，而档案文化作为一种实践性强的文化资源，提供了丰富的动手实践机会。学生可以通过参与档案的整理、数字化工作、档案展览策划等活动，培养自己的组织能力、研究能力和动手能力。这些实践活动不仅丰富了学生的学习体验，还能激发他们的创造力。通过对档案文化的探索和分析，学生可以在不同的历史和文化情境中进行比较研究，提出自己的见解和想法，培养出批判性思维和创新能力。

3. 档案文化为合作精神的培养提供了平台

档案管理与文化传播是一个需要多人协作的复杂过程，学生在参与档案文化相关活动时，不仅需要处理具体的任务，还需要与他人进行有效的沟通与合作。素质教育强调团队协作的重要性，通过档案文化的教育活动，学生可以在合作中培养责任感、团队精神和解决问题的能力。这些能力对于他们未来的职业发展和社会融入至关重要。

4. 档案文化与素质教育的结合还有助于培养学生的社会责任感和历史意识

档案文化承载着历史的记忆和文化的传承，它帮助学生理解历史的复杂性和文化的多样性。在素质教育的理念下，档案文化的学习不再局限于知识的传授，而是通过教育过程激发学生对社会、历史和文化的责任感和关怀。档案文化的教育活动可以引导学生关注历史事件中的人文精神和社会正义感，通过对历史档案的研究和反思，学生可以从中汲取经验和教训，形成更为深刻的社会责任感和历史使命感。

（二）档案文化在德育教育中的作用

德育教育是教育的核心任务之一，旨在通过教育培养学生的道德品质、价值观念和行为规范。档案文化在德育教育中发挥着重要的作用，它通过历史的记录和文化的展示，为学生的道德教育提供了丰富的内容和启示。档案文化中的历史事件、人物事迹和社会发展历程，不仅能够为学生提供知识，还可以通过对这些资料的学习和反思，帮助学生形成正确的价值观和道德观念。

1. 档案文化作为历史的记录者，为德育教育提供了生动的道德案例

历史档案中包含了许多关于个人与集体、正义与不公、责任与义务的记录，这些档案不仅是历史的见证，也反映了不同时代的社会道德标准和价值观念。通过对档案文化的学习，学生可以深入了解历史上不同人物的行为选择，理解他们在特定历史情境中的道德抉择。这些道德案例能够引导学生在学习过程中反思自己的行为规范和道德标准，从而促进他们形成积极的道德品质。

2. 档案文化能够通过历史事件的反思培养学生的社会正义感和责任感

在德育教育中，社会正义感和责任感是关键的教育目标，而档案文化中的历史记录正是这些教育目标的宝贵资源。档案文化记载了历史上的许多社会问题、冲突和不公正现象，这些记录不仅能够为学生提供思考和讨论的素材，还能够通过对这些事件的研究，引导学生反思历史上的不公正现象，并在此基础上形成维护社会正义的责任感。通过对档案文化的学习，学生可以认识到历史上的不公平和错误行为，从而在现实生活中培养出更强的社会责任感和道德担当。

3. 档案文化在德育教育中还发挥着价值观传递的作用

每个社会的档案文化都反映了该社会的核心价值观和道德理念。通过档案文化的教育，学生可以接触到不同社会背景下的价值观念，形成对多样化价值观的理解和尊重。在全球化背景下，培养学生对多元价值观的认同感和包容性显得尤为重要。档案文化的学习能够帮助学生理解文化差异，并通过对不同文化价值观的比较，树立起更加宽容和开放的世界观。

4. 档案文化的学习可以帮助学生建立起历史意识和文化认同感

在德育教育中，历史意识和文化认同感对于学生的道德发展具有重要意义。档案文化作为历史和文化的载体，通过展示历史上的成就、教训和文化遗产，引导学生认识到历史对个人与社会发展的深刻影响。档案文化不仅帮助学生形成对过去的认识，还引导他们在历史的反思中建立起对文化的认同感和自豪感。通过对本民族、本国家的档案文化的学习，学生可以从中汲取精神力量，增强对本国文化的认同感，进而在现实生活中更好地践行道德规范和社会责任。

三、档案文化建设中的教育实践

（一）档案文化与教育实践的融合途径

档案文化与教育实践的融合为现代教育提供了丰富的教学资源和多样化的学习体验。这种融合不仅有助于提升学生的学习效果，还能够通过历史与文化的实际应用，增强学生的文化素养和社会认知。档案文化作为历史、社会和文化的真实记录，可以通过教育实践融入不同学科的教学中，尤其在人文、社会科学、历史和艺术等领域，档案文化能够为课程设计和教学内容提供丰富的素材。

首先，档案文化与教育实践的融合途径之一是通过档案资源的整合与应用来丰富课程内容。档案资源涵盖了大量的历史文献、图片、录音和视频资料，这些材料为教师提供了宝贵的教学素材。通过将这些档案资源与教学内容结合，教师可以为学生提供更加真实、直观的学习体验。例如，在历史教学中，教师可以利用档案中的原始资料，引导学生分析历史事件的背景、原因及影响，从而使学生更加深刻地理解历史的复杂性与多面性。这种方式不仅增加了课程的内容深度，还激发了学生的学习兴趣，使学习过程更加生动、具体。

其次，档案文化与教育实践的融合还可以通过项目式学习和探究式学习来实现。项目式学习强调学生通过自主探究和实际操作来解决问题，而档案文化中的历史记录和文化现象为学生提供了大量的研究素材。学生可以围绕档案文化中的某一主题，如地方历史、民俗文化或重大历史事件，设计和完成一个完整的研究项目。通过这种方式，学生不仅能够深入学习相关知识，还能够通过动手实践培养批判性思维、解决问题的能力以及团队合作精神。档案文化为项目式学习提供了实践平台，使学生能够在真实的文化背景下应用所学知识。

最后，档案文化与教育实践的融合还可以通过跨学科的教学活动得以实现。档案文化本身涉及多个学科的知识和技能，如历史、社会学、地理、艺术等，因此在教育实践中，教师可以通过跨学科的合作，将档案文化融入多门课程。通过跨学科的教学，学生可以从不同角度和学科视角来分析和理解档案文化的内涵，这种跨学科的学习方式不仅能够增强学生的知识体系，还能够培养他们的综合思维能力和多元化的学习视角。

（二）档案文化课程设计与教学实践

档案文化课程设计与教学实践是档案文化融入教育的重要途径。通过科学的课程设计，档案文化可以系统化地纳入教育教学中，帮助学生更好地理解和传承档案文化的价值。在课程设计中，教师不仅需要考虑档案文化的内涵与教育目标，还需要设计合适的教学活动，确保学生能够在实践中深刻体验和理解档案文化。

1. 充分考虑学生的年龄、兴趣和能力水平

档案文化涉及的历史事件和文化现象较为复杂，因此在课程设计中，教师应根据不同年龄段学生的认知特点，选择合适的档案材料和教学方法。例如，对于低年级学生，可以选择一些图文并茂、直观生动的档案资料，通过简单易懂的方式引导学生了解历史文化。而对于高年级学生，则可以选用更加深入和学术性的档案资料，鼓励他们进行独立思考和深入研究。通过这样的分层设计，档案文化课程能够更好地适应不同学生的学习需求，提升教学效果。

2. 注重互动性和参与性

在教学实践中，学生不仅是知识接受者，更应是知识探索者。教师可以通过设计互动性强的教学活动，如档案实地考察、档案展览策划、档案材料的分析讨论等，激发学生的学习热情和参与积极性。这些实践活动不仅能够增强学生对档案文化的理解，还能提升他们的实践能力和团队合作能力。此外，教师还可以利用数字技术和多媒体手段，将档案文化课程的内容呈现得更加生动有趣，吸引学生的注意力，使档案文化的教学更具吸引力和实效性。

3. 重视教学内容的多样化和创新性

档案文化涉及的领域广泛，教师可以根据不同的教学目标，灵活运用各种档案材料和教学资源。例如，在历史课中，教师可以通过档案文化来讲解特定的历史事件或人物，使学生从档案中感受到历史的真实感和复杂性。在艺术课中，档案中的图像和照片可以作为视觉文化研究的对象，帮助学生理解不同时代的艺术风格和社会背景。通过这种多样化的课程设计，档案文化不仅可以服务于历史学科，还能够在其他学科中发挥积极作用，丰富学生的学习体验。

（三）创新教育与档案文化建设的互动

创新教育的核心在于通过教育手段激发学生的创造力和创新思维，而档案文化建设的目标之一也是推动文化的创新与发展。创新教育与档案文化建设的互动为学生提供了在文化背景中进行创新思维训练的机会，通过文化资源的再创造，档案文化得以在新的时代背景下焕发出新的生命力。

1. 创新教育为档案文化建设注入了新的活力

通过创新教育，学生可以在档案文化中发现创新的灵感和机会。例如，学生可以通过研究档案中的历史事件，提出新的解释和观点，或通过分析档案中的社会现象，提出解决现代社会问题的创新思路。档案文化作为一种文化资源，通过创新教育的引导，可以为学生提供丰富的创新素材。学生在档案文化的研究过程中，不仅能够培养自己的创新能力，还能够为档案文化的现代化和创新性发展做出贡献。

2. 档案文化建设也为创新教育提供了广阔的平台

在创新教育中，学生需要通过实践活动和项目设计来锻炼自己的创新思维和能力，而档案文化中的丰富资源正是这些创新实践活动的理想素材。通过将档案文化融入创新教育，学生可以在历史与文化的真实背景下进行创新实验，激发他们的创造力和想象力。例如，学生可以基于档案文化中的历史资料，设计新的文化产品、策划文化活动或开发教育项目。档案文化为学生的创新提供了具体的情境和真实的素材，推动了创新教育的实践化和具体化。

第四章

高校档案日常管理和发展新方向

第一节　高校档案的分类

一、学校党群、行政档案

学校党群类和行政类档案属于文书档案范畴，二者在形成过程、整理方法等各方面都很相似，所以在本书中一并加以阐述。

（一）学校党群、行政档案及其特点

1.党群、行政档案的含义

学校在党政管理工作中直接形成的具有保存价值的文字、图表、声像等各种载体的材料均属党群、行政档案。党群、行政档案是学校各项工作的重要参考和依据凭证。

2.党群、行政档案的特点

（1）具有一定的政治色彩。党群、行政档案是学校党务、行政管理活动的真实记录和反映，涉及指令传达、任免奖惩、监察审计等，带有一定的政策性、思想性和严肃性。

（2）来源广泛，形成分散。学校的各个部门都有可能产生党群类、行政类文件材料，相对于基建类、科研类、设备类、财会类等门类档案，党群、行政档案的形成部门较

多，相对分散，给档案收集的齐全完整和归档材料的系统规范带来了不小的难度。

（3）适宜根据《归档文件整理规则》以件为单位进行整理。《归档文件整理规则》的颁布实施是我国机关档案工作改革的一项重大举措，它提出了完全不同于传统立卷方法的"文件级"整理方法，文书档案"立卷"工作正逐渐被"归档文件整理"所代替。

（4）在档案信息化建设上具有先发优势。随着学校办公自动化乃至数字化校园建设的不断推进，公文处理系统上大量电子文件的生成、运转和归档为党群、行政档案的数字化创造了极为有利的条件。

（二）学校党群、行政档案工作原则

1. 集中统一管理

党群、行政档案应实行集中统一管理，以确保其完整、准确、系统和安全，便于保管和开发利用。

2. 部门立卷归档

党群、行政文件材料严格实行由文书部门（或业务部门）立卷归档的制度，即党群、行政文件材料的立卷和归档工作主要由其处理部门及有关的文书工作人员来完成。

3. "三纳入""四同步"

党群、行政档案的管理应纳入学校各部门的计划和规划，纳入管理制度，纳入管理人员的职责范围，即"三纳入"。布置、检查、总结、验收各项工作时，要同时布置、检查、总结、验收党群、行政档案的管理工作，即"四同步"。

4. 专人负责

学校各部门要有一位负责人分管本部门的档案工作，并确定适当的专（兼）职档案员，认真做好党群、行政档案的收集、整理工作，并按规定向学校档案部门移交归档。

5. 科学管理，与时俱进

学校档案部门应努力提高党群、行政档案管理的科学性，适应现代化信息管理的需求，积极探索、实施文档一体化管理，充分发挥党群、行政档案的作用。

（三）学校党群、行政档案归档范围的确定

1. 归档范围的确定原则

（1）必须对学校和社会当前与长远具有参考作用、凭证作用和研究价值。

（2）必须反映学校党政部门职能活动的全过程，保证完整、准确、系统。

（3）必须遵循其自然形成规律，保持彼此间的有机联系，兼顾不同部门的不同特点。

2.归档范围

（1）归档的主要内容。归档的主要内容包括党务，行政（教学、科研、基建、产品、设备、出版、外事、财会管理文件除外），工会，团委四个系统形成的文件材料，详细归档范围可参照《学校档案工作规范》中的《党群类档案归档范围和保管期限表》《行政类档案归档范围和保管期限表》，同时要结合本校的实际情况来确定。

（2）归档的重点。归档以本校形成的不同载体、不同形式的文件材料为主，特别是全局性、综合性的文件材料；其次是上级和其他单位发来的文、电及附件（上级来文中以针对本校的指令性、指导性文件为主）。

（3）资料暂存。对不归档的文件材料，可根据需要，作为资料暂存。

二、学校教学档案

（一）学校教学档案及其特点

1.教学档案的含义

在教学工作中直接形成的、具有保存价值的文字、图表、声像等各种载体的材料均属教学档案。教学工作是学校的中心工作，教学档案则是教学工作的真实记录，是学校教学管理水平和质量的重要体现，是学校档案的重点。做好教学档案的管理，对推进学校教学工作及其他各项工作的发展具有重要意义。

2.教学档案的特点

（1）周期性。学校的教学活动有着固定的程序和模式，培养一届学生的整个过程就是一个周期。教学周期的时间是由不同层次的教育学制决定的，这就决定了整个教学档案的周期性。周期性的特点使得不同类别的教学档案在归档时间上也有所不同，如综合管理性的文件材料可在次年6月底前归档，学籍表、成绩单等其他教学文件材料应在次年寒假前归档。

（2）连续性。教学档案中包括了学生从入学到毕业的学籍表、成绩、奖惩及就业等不同阶段的各种信息。所以教学档案的收集具有时间的连续性，缺少任何一个阶段的文件材料，都不能真实完整地反映学生在校期间的情况。

（3）广泛性。教学档案内容的广泛性是由学校的学科种类多、教学文件材料来源多所造成的。一般来说，学校的学科数量少则十几科，多则几十科，并且教学文件材料来源于教学活动的各个环节，既包括上级各主管部门相关的规定、条例等，又涉及本单位的教学部门、管理部门、学生工作部门等，还涉及领导、教师、学生等参与教学活动的全体人员。

（4）层次性。随着教育体制的改革，学校打破了原有教学层次单一的模式，发展成为多层次教育。每一层次的教学活动产生相应层次的教学档案，教学档案的层次性非常鲜明。

（5）集中管理与分散管理并存。通常情况下，教学档案必须集中统一管理，但对于少数不属于永久保存的教学文件材料，可由各院（系）保存。

（二）学校教学档案归档范围的确定

1.归档范围的确定原则

（1）必须对学校和社会当前与长远具有参考价值和凭证作用。

（2）必须反映教学管理、教学实践活动的全过程，并且完整、准确、系统。

（3）必须遵循其自然形成规律，保持有机联系，符合教学管理和教学实践活动的成套性特点。

2.归档范围

（1）教学档案主要来源于学校的教务处、学生处、招生就业中心以及各院（系）、所、中心等部门在教学工作，特别是教学实践各个环节中形成的不同载体的文件材料，主要内容包括有关教学的规章制度、学科与实验室建设、招生录取、学籍和成绩、课堂教学与实践、学位管理、毕业生工作、教材等文件材料，详细归档范围可参照《学校档案工作规范》中的"教学类档案归档范围和保管期限表"，同时要结合本校的实际情况来确定。

（2）对于规模大的学校，对教学文件材料中少数不属于永久保存的类目，如本科生毕业论文、实习报告等，可由各院（系）保存，学校档案部门只保留学生优秀论文。

（3）对不归档的文件材料，可根据需要，作为资料暂存。

三、学校科研档案概述

（一）学校科研档案及其特点

1.科研档案的含义

科研档案，全称科学技术研究类档案，是指学校在科学研究管理和实践活动中直接形成的、具有保存价值的文字、图表及声像载体材料等各种文件材料。

科研档案大体上可以分为科研综合管理材料和科研项目（课题）材料两部分，其中，科研综合管理材料包括学校科+研工作规划、计划、总结、科研会议材料、基地建设材料、学术交流材料等；科研项目（课题）材料包括项目（课题）申报、批准立项、研究试验、中期检查、结题验收、成果鉴定、申报奖励、推广应用等各个环节形成的材料，一般分为申报立项材料、研究材料、结题验收材料、成果申报材料、推广应用材料等。

由于科研综合管理材料的管理方法与一般的文书档案基本相同，因此，本段内容主要是围绕科研项目（课题）材料的管理展开论述。

2. 科研档案的特点

（1）专业性。科研档案记述和反映了科学技术研究活动的全部过程和具体成果，其形式和内容直接受到科学技术研究活动的性质、类型和专业的影响。不同的科研项目（课题）所形成的记录内容不同，成分不同，形式也有较大区别，而且主要服务于同类专业的科研、生产和建设活动。

（2）成套性。科研档案的形成依赖于科研项目（课题）的发展过程：科研准备阶段→研究实验阶段→总结鉴定阶段→申报奖励阶段→推广应用阶段。在各阶段、各个环节形成的文件材料共同组成一套完整的科研项目（课题）档案，是一个具有有机联系的整体。

（3）动态性。科研项目（课题）发展过程的动态性和不确定性直接导致了科研档案形成的动态性和不确定性。科研项目（课题）的发展过程并不是一个必然的、确定的过程，有一些科研项目（课题）在通过立项后并未得到开展，在这种情况下，此后的各个阶段的档案材料是否会产生对于档案管理来说是未知的；有相当一部分科研项目（课题）在研究的某个阶段，会由于经费、人力、水平等原因被搁置，甚至中断；也有一些科研项目（课题）进行成果鉴定后，也许就告一段落了，但也不排除过了若干时间后继续进行推广应用或申报奖励的情况，因此，应用证明或报奖材料归档的可能性也是未知的。

（4）现行性。科研档案同科研实践活动关系密切，具有较强的现行使用性。许多科研档案不仅没有退出现行使用过程，而且将在较长时期内发挥其现行作用，成为科研、科技生产、建设活动的依据。同时，科研档案价值的时效性一般都比较强，价值周期相对其他档案来得短，这也决定了其现行利用的必要性。

（二）学校科研档案归档范围的确定

1. 归档范围的确定原则

（1）归档的科研文件材料必须对学校和社会当前与长远具有凭证作用和参考价值。

（2）归档的科研文件材料必须反映科研管理、科研项目（课题）活动的全过程，保证完整、准确、系统。

（3）归档的科研文件材料必须遵循其自然形成规律，保持其有机联系，照顾不同学科、专业的特点并具有成套性。

（4）由本校与其他单位分工协作完成的研究项目（课题），由主持单位归档保存一整套档案，协作单位保存自己所承担任务中形成的科研文件材料的正本，并将有关的复制件送交主持单位。如确系涉及协作单位的合法权益，应在协议、合同或委托书中明确其科研文件材料的归属，但协作单位应将所承担项目（课题）部分的有关档号和案卷目录提供主持单位。由校内几个单位协作完成的研究项目（课题），各有关单位要相互配合，整理好本单位承担的必须归档的科技文件材料，由主持单位立卷归档。

（5）本校与国外合作的研究项目（课题），应该通过协商，在协议、合同中明确科研文件材料的归档办法。此类项目一般应归入外事类档案中。

2. 归档的主要内容和重点

（1）科研档案归档的主要内容包括综合管理、科研准备、研究实验、总结鉴定、申报奖励、推广应用等方面。

（2）科研档案归档的重点是本校承担的科研项目（课题）各个阶段形成的不同载体、形式的文件材料，特别是研究实验阶段形成的作为研究结果依据的原始材料。

（3）未取得成果或因故中断的重要项目（课题）的科研文件材料也应归档。

3. 不需归档的科研文件材料

（1）上级有关科研工作的普发性（非专指本校）、不需要办理的文件材料；

（2）上级有关科研工作的未定稿的文件材料；

（3）未生效的合同、协议书；

（4）未按科研管理程序列入计划、未经鉴定和不计工作量的个人项目（课题）材料；

（5）重复的文件材料；

（6）无查考利用价值的事务性、临时性文件材料；

（7）非隶属单位抄送的不需要办理也无参考价值的文件材料；

（8）校内其他单位发来的文件材料；

（9）与校外单位交换来的文件材料；

（10）未定稿的文件材料。

以上不归档的文件材料，应销毁的要及时销毁，如某些文件材料有需要做资料保存的，应填写目录，组卷单独保管，不能随便堆放，以防泄密。

四、学校基建档案概述

（一）学校基建档案及其特点

1.基建档案的含义

基建档案，全称基本建设类档案，是指学校在基本建设管理和基本建设工程项目活动过程中直接形成的、具有保存价值的文字、图表及声像载体材料等各种文件材料。

基建档案大体上可以分为基建综合管理材料和基建工程项目材料两部分，其中，基建综合管理材料包括学校基建工作规章制度、计划、总结、统计报表、总体规划等；基建工程项目材料包括基建工程项目从申请立项、设计、勘察、施工、竣工验收到投入使用整个过程中所形成的、有保存价值的全部文件材料，按内容一般可分为依据性文件、基础性文件、工程设计文件、工程管理文件、施工文件、竣工验收文件、基建财务文件、监理文件等。

由于基建综合管理材料的管理方法与一般的文书档案基本相同，因此，本章内容主要是围绕基建工程项目材料的管理展开论述。

2.基建档案的特点

（1）广泛性。一个基建工程项目的实施，除了学校作为建设单位的参与，还需要很多不同单位的参与，例如，负责审批的政府主管部门、负责论证设计的设计单位、负责地质勘察的勘察单位、负责质量评定的质检部门以及施工单位、监理单位、材料及设备供货单位等等，这些不同的单位在参与基建工程项目实施的过程中，在各自的职责范围内所形成的各种文件材料都是该基建工程项目档案的组成部分，因此，基建档案在来源上具有广泛性。

（2）专业性。基建档案的形成领域和内容性质都具有鲜明的专业性特点，涉及地质、气象、环保、建筑、结构、给排水、供配电、采暖、空调、电信、自动控制、消防等多种专业内容，这些专业内容的有机融合就形成了基建档案内容的专业性。

（3）成套性。基建档案的形成依赖于工程建设发展过程：工程建设准备阶段→工程建设设计阶段→工程施工阶段→竣工验收阶段，还有贯穿其中的工程监理及其他活动。以此为依托，积累每一个阶段、环节的文字、图纸或声像记录，待基建工程完成后一并成套归档。与科研档案形成过程不同的是，基建工程项目的各个发展阶段都是确定的，而且不管延续的时间长短，它终究会到达竣工验收这个阶段，因此，基建档案的形成是确定的，而且可以以竣工验收为归档点来进行归档。

上述基建档案自身的特点直接决定了基建档案管理的特殊性，其中最重要的就是遵循其成套性的特点，以单个基建工程项目为管理单位，其内容和成分只能是同一个工程项目的有关材料，这样才能正确地反映该工程项目建设的全貌，如果一个工程项目的材料被分散了或者混杂了其他工程项目的材料，就会造成混乱，贻误工作；其次是要遵循其专业性的特点，保持文件之间的联系，按专业分别组成专卷；再次是要根据其来源广泛性的特点，责成各相关单位负责各自职责范围内收集、积累的文件材料的立卷归档，才能保证一个基建工程项目档案的完整、齐全。

（二）学校基建档案归档范围的确定

1. 归档范围的确定原则

（1）归档的基建文件材料必须对学校和社会当前与长远具有凭证作用和参考价值。

（2）归档的基建文件材料必须反映基建管理和项目建设的全过程，保证完整、准确、系统。

（3）归档的基建文件材料必须遵循其自然形成规律，保持其有机联系，与建筑物完全一致并具有成套性。

2. 归档的主要内容和重点

（1）基建档案归档的主要内容。包括综合管理、可行性研究、设计基础材料、设计文件、工程管理文件、施工文件、竣工文件、监理文件、生产技术准备、试生产以及基建概算、预算、决算器材管理等。

（2）归档的重点。基建档案归档的重点是工程项目建设各个阶段形成的不同载体、形式的文件材料，特别是包括竣工图在内的全套图纸。

3. 不需归档的基建文件材料

（1）上级机关有关基建工作的普发性（非专指本校）、不需要办理的文件材料；

（2）正式施工前的草图、未定型图纸；

（3）重份文件和重份图纸；

（4）无查考价值的临时性、事务性文件材料；

（5）校内其他单位发来的文件材料；

（6）与校外单位交换来的文件材料；

（7）未定稿的文件材料。

以上不归档的文件材料，应销毁的要及时销毁，如某些文件材料有需要作资料保存的，应填写目录，组卷单独保管，不能随便堆放，以防泄密。

五、学校设备档案概述

（一）学校设备档案及其特点

1. 设备档案的含义

设备档案，全称仪器设备类档案，是指作为学校固定资产的仪器、设备，在其购置、验收、调试、运行、管理、维修、改造、报废等全部活动过程中直接形成的、具有保存利用价值的文字、图表、声像载体材料以及随机材料等文件材料。

由上述含义可以看出，"仪器设备"是指学校购置的用于辅助教学、科研工作的仪器设备，而非本校自行设计开发的仪器设备。从设备档案管理的角度来看，本校设计开发的仪器设备在应用于教学、科研过程中形成的文件材料属于设备档案，而该仪器设备的设计开发、技术应用、技术改进等方面的材料则属于科研档案管理范畴。

设备档案大体可分为设备综合管理材料和设备项目材料两部分，其中，综合管理材料包括学校设备管理工作规章制度、计划、总结、综合统计等；设备项目材料包括仪器设备从购置到报废整个过程中形成的、有保存价值的全部文件材料，包括申购报告、定购合同、开箱记录、验收报告、随机文件等。

2. 设备档案的特点

（1）成套性。设备档案的形成依赖于一个发展过程：计划购置阶段→购置阶段→开箱验收阶段→使用阶段→报废阶段。在这个过程中的每一阶段、每一环节都会形成相应材料，如申购报告、论证报告、招标材料、订货合同、验收报告、随机文件、使用记录、维修记录、报废申请，等等，由此共同组成一整套完整的设备档案。

（2）依附性。设备档案是正确安装、使用及维护保养仪器设备的原始资料，与仪器设备之间有很强的依附性和专用性。仪器设备离开了档案将难以安装、使用和维修，设备档案因仪器设备的存在和使用而存在并产生使用价值，它们之间是共存关系。

（3）现行性。设备档案的价值依据是它对仪器设备使用和管理工作的实际辅助服务功能，以此来决定哪些材料成为归档文件，而很少考虑仪器设备本身的技术更新、改造等，因此，设备档案的现行功能相对突出，而长远的参考、凭证利用价值相对较弱。在实际管理中，设备档案中的随机文件等一部分材料一般是存放在设备使用部门，而且其保管期限也是划定为"与设备共存"。而随着仪器设备的老化、淘汰，它的价值逐渐减弱甚至消失，设备档案的价值也相应地会减弱甚至消失。因此，设备档案的管理和档案信息资源的开发利用相对于其他门类档案来说，在宽泛性和长效性上有一定的差距。

（二）学校设备档案归档范围的确定

1. 归档范围的确定原则

（1）归档的设备文件材料必须对学校和社会当前和长远具有凭证作用和参考价值。

（2）归档的设备文件材料必须反映设备管理和仪器设备项目从申购到报废的全过程，保证完整、准确、系统。

（3）归档的设备文件材料必须遵循其自然形成规律，保持其有机联系，必须与仪器设备相一致并有成套性。

（4）作为学校固定资产的各种国产和国外引进的精密、贵重、稀缺的仪器设备，价值在10万元以上的，均须归档；价值在10万元以下的，如有需要可由设备使用部门建档，并上报设备管理部门备案。

2. 设备档案归档的主要内容和重点

（1）归档的主要内容。包括综合管理、仪器设备项目依据性材料、开箱验收、安装调试、运行维修、随机取样等。

（2）归档的重点。设备档案归档的重点是仪器设备项目（特别是单价在规定金额以上的）各个环节形成的不同载体、形式的文件材料，包括全套随机图样。

（3）自制设备文件材料。本校自制、作为学校固定资产符合建档条件的仪器设备，除研制文件材料作为科研成果归入科研档案外，其余均按设备档案要求处理。

3. 不需归档的设备文件材料

（1）上级有关仪器设备工作的普发性（非专指本校）、不需要办理的文件材料；

（2）未生效的合同、协议书；

（3）仪器设备广告、宣传材料，订货会、展销会宣传品；

（4）重复的文件材料；

（5）无查考利用价值的事务性、临时性文件材料；

（6）校内其他单位发来的文件材料；

（7）与校外单位交换来的文件材料；

（8）未定稿的文件材料。

以上不归档的文件材料，应销毁的要及时销毁，如某些文件材料有需要作资料保存的，应填写目录，组卷单独保管，不能随便堆放，以防泄密。

六、学校出版档案概述

学校出版档案主要包括学校自行编辑出版的学报、其他学术刊物及本校出版社出版物的审稿单、原稿、样书及出版发行记录等，是学校档案的重要组成部分。

（一）学校出版档案及其特点

1.学校出版档案的含义

学校出版档案（或称出版类档案）是指学校在编辑出版图书、刊物、报纸、音像品等活动中直接形成的具有保存价值的文字、图画及声像等各类材料。其内容丰富，形式多样，涉及的知识面较广，是研究学校学术水平和出版状况的第一手资料和可靠凭证。

学校出版档案大体可分为出版综合管理材料和出版物项目材料两部分，由于出版综合管理材料的管理方法与一般的文书档案基本相同，因此，本节内容主要是围绕出版物项目材料的管理展开论述。

2.出版档案的特点

出版档案除具有档案都具备的原始记录性、凭证性、参考性等一般共性外，还具备以下自身的特点：

（1）成套性。从出版档案形成过程来看，图书的出版是紧密围绕出版内容进行策划、选题、约稿（或投稿）、签订出版合同、编辑、付印等环环相扣的流程。出版档案就是在这一系列出版活动中逐渐形成的以具体出版物为核心的原稿、审稿意见、清样、样本等一整套出版材料。

（2）连贯性。报纸有日报、晚报、周报等；期刊有周刊、月刊、季刊等；书籍有单行本、丛书、名人选集与全集等。这些都是按时间、期次或集次顺序出版的，具有连贯性。

（3）规范性。无论是出版物的原稿、审稿、印刷稿的字体、清样、样本等的格式、型号、装帧、版面等都严格地按照统一的规范和标准办理。这一特点给出版档案的整理、保管工作带来了极大好处。

（4）动态性。由于出版物的重印、修订等各方面的变动，已经形成的某些成套的档案中，往往还需要补充相关文件，因此学校档案管理工作人员应当适时将新形成的、与出版物有关的编辑出版和再创作活动的相关文件材料及时收集、补充到原有档案体系中。

（5）多样性。出版档案除了文字材料之外，还有图书封面的设计稿、题词题字手迹、清样纸型、样书等，材料多样，规格也大小不一，这使得具体管理过程相对复杂。

（6）个体性。大多数书籍、报刊发表文章多为个人所著、所写。这些出版材料的产生具有鲜明的个体性。

（7）非机密性。凡是公开出版发行的书籍、报纸、期刊都是给广大读者阅读、欣赏的，而且阅读、欣赏的人越多越好，表明它的作品效果越佳，越有价值。

（二）学校出版档案归档范围的确定

为了保证出版档案的完整、齐全，学校必须建立、健全出版档案归档制度，划定出版档案的归档范围，依据出版文件材料本身的保存价值，区分哪些文件材料应该归档，哪些文件材料不需要归档。

1.归档范围的确定原则

（1）归档的出版管理和出版物形成过程中形成的文件材料必须对学校和社会当前与长远具有参考价值和凭证作用。

（2）归档的出版文件材料必须反映编辑出版管理职能和出版活动的全过程，保证完整、准确、系统。

（3）归档的出版文件材料必须遵循其自然形成规律，保持有机联系，特别注意出版材料的成套性特点。

2.归档的主要内容和重点

（1）出版档案归档的主要内容。包括综合管理，出版物的编审、出版等方面的内容。

（2）出版档案归档的重点。出版档案归档的重点是出版活动各个阶段形成的不同载体、形式的文件材料，尤其是出版物本身。

3.不应归档的出版文件材料

（1）上级机关有关出版的普发（非专指学校）、不需办的文件；

（2）未生效的合同、协议书；

（3）不退、不用的稿件，非定稿的稿件；

（4）重复文件；

（5）无查考价值的事务性、临时性函件；

（6）校外单位交换来的材料。

以上不归档的文件材料，应销毁的要及时销毁，如某些文件材料有需要作资料保存的，应填写目录，组卷单独保管，不能随便堆放，以防泄密。

七、学校财会档案概述

（一）学校财会档案及其特点

1. 学校财会档案的含义

学校财会档案，亦称会计档案，是指学校在财务管理和会计活动中直接形成的、作为历史记录、具有保存利用价值的会计核算材料。财会档案是学校全部档案的重要组成部分，是记录和反映学校经济业务的重要史料和证据。财会档案主要包括会计凭证、会计账簿和会计报表。

2. 学校财会档案的特点

（1）普遍性。凡是具备独立会计核算的学校和二级学院、直属单位和部门都会产生财会档案，此为其普遍性。

（2）专业性。财会档案所反映的是学校在管理、教学、科研等活动中资金往来的情况，具有较强的专业性。

（3）严密性。财会工作有严密的法规和规章制度作保障。财会档案是会计核算的产物，先有会计凭证，再填写会计账簿，最后编制会计报表，其产生程序和主要成分都非常严密。

（二）学校财会档案归档范围的确定

1. 归档范围的确定原则

（1）归档的财务工作管理和会计活动中形成的文件材料，必须对学校或社会当前和长远具有参考价值和凭证作用。

（2）归档的财会文件材料，必须反映财务管理、会计活动的全过程，保证完整、准确、系统。

（3）归档的财会文件材料，必须遵循其自然形成规律，保持其有机联系，充分考虑财会档案的类型特点。

2. 归档的主要内容和重点

（1）归档的主要内容

归档的主要内容包括综合管理、会计凭证、会计账簿、会计报表、工资清册等方面。

（2）归档的重点

归档的重点是会计活动中各个阶段形成的、不同类型的、具有长期保存价值的文件材料和会计电算化档案

3. 不归档的文件材料

（1）上级有关财务的普发性（非专指学校）、不办的文件；

（2）未定稿的文件；

（3）重复文件及校内其他单位发来的文件；

（4）未生效的合同、协议、单据；

（5）无查考利用价值的一般性、临时性文件；

（6）与校外单位交换来的材料（可作资料保存）。

八、学校学生档案概述

（一）学校学生档案及其特点

1. 学校学生档案的含义

学生档案是学生在学习与实践活动中形成的、具有保存价值的各种人事文件材料，隶属于人事档案范畴。人事档案是在组织人事管理活动中形成，并经组织审查或认可的、反映人员经历和德才表现等原貌，以个人为单位立卷归档保存的档案是国家档案的重要组成部分，具有机密性、真实性和权威性等属性。人事档案作为记录个人学习经历、工作经历、考核奖惩、思想政治状况等内容的文件材料，在就业、职称评定、婚育证明、转正定级、各种政审、办理养老等社会保险，以及开具出国、考研有关证明等方面继续发挥着凭证、依据和参考的作用。

2. 学校学生档案的特点

学生档案除具有一般人事档案的共性外，还具有其自身的特点。

（1）初始性。大多数人事档案都是从学生档案开始起步的，是人事档案的雏形。根

据中华人民共和国教育部令第27号《高等学校档案管理办法》的规定，学生档案是从高中学生开始立卷归档，是人事档案不可或缺的重要组成部分。

（2）单一性。和干部档案相比，学生档案的内容比较简单，新形成的档案材料数量较少，内容较单纯，多是反映学生在校期间的学历、学位、思想政治表现和奖惩等方面的情况。

（3）流动性。和干部档案和工人档案相比，学生档案的流动性相对比较大。由于大学生分专科、本科、硕士和博士四种，学制从两年到四年五年不等，因此，在正常情况下，学校的学生档案几年内就要随着大学毕业生的派遣发往全国各地。

（二）学生档案归档范围的确定

学生档案归档材料一般分为新生档案材料、毕业生档案材料、奖惩材料、组织发展材料、学籍变动材料，以及其他供组织人事部门参考的应归档材料。

1. 新生档案材料

本（专）科生新生档案包括入校前高中的档案材料（学籍表和高中毕业生登记表）、高考报名登记表、体检表和学生登记表等；研究生新生档案包括入学前的人事档案、报名登记表、录取审批表等相关报考材料和研究生登记表等。

2. 毕业生档案材料

包括成绩单、学校毕业生登记表、普通学校毕业生就业通知书（存根）、学位授予通知书、论文答辩情况表等

3. 奖惩材料

获得院、校级及以上的奖励审批材料；违反校规、校纪，触犯国家法律等行为被处理的各类处分材料（警告、严重警告、记过、留校察看和开除学籍）。

4. 组织发展材料

加入中国共产党、共青团（入党、入团志愿书、申请书、转正申请书）或民主党派的相应申请及组织审批材料。

5. 学籍变动材料

转专业、休学、退学、复学、转学、入伍、出境或死亡等原因引起的学籍变动材料；更改姓名、民族、出生日期、国籍等个人信息的证明材料。

6. 其他供组织人事部门参考的应归档材料

第二节　高校院系档案管理体系架构设计

一、系统地规范院系文件资料管理制度

系统化、规范化、标准化的制度对分院档案建设是长久之计，也是院系档案管理走出杂乱无序，进入新型的现代化管理的基础。建章立制的目的是改革原有的归档方式，创建全新的院系档案体系，使之更具有操作性和可行性。

首先应对院系所有产生的材料进行全面的梳理；其次根据国家、高校有关档案的分类，认真研究院系档案的归属，制定制度建立的方案；第三，经过一段时间的科学论证和整合，出台《×××学院文件资料管理制度汇编》。此汇编由1个文件，9个附件组成，涵盖了教学、科研、党务行政、学生工作等各方面所产生的材料。并建立了1个母体系和若干个子体系，即《×××学院文件资料管理暂行规定》作为母体系（总纲领），教学、科研、声像资料以及行政公文、教师个人业务资料管理作为子体系。另设各体系的构架、归档范围、档案工作领导职责、兼职档案员职责、档案室安全保密制度等附件。

同时，各个子体系又可以对文件制度进行补充，形成层层落实的较完善的目标管理系统。如教学类体系下的子体系JX3"教学与实践"中的试卷规范管理、试卷归档质量检查、教案讲稿的编写及管理等文件作为教学档案管理的制度补充。系统地建立文件资料管理制度，使得院系的文件资料有章可循，收集有序，归档规范，查阅方便。为规范教学起了积极的作用，为教学评估提供了翔实的支撑材料。同时以文件的形式让大家了解文件资料管理的内涵，这对档案的重要性进行了广泛的宣传。

二、建立明晰的院系档案体系架构

制度是体系的目，而构架则是体系的纲。制度规范化为档案管理提供了有力的保障，体系构架为后续的收集、归类等工作起了十分重要的引导作用。

因此，制度除了文字表述外，还应以架构的形式明晰体系，使之收集有目标，归档有次序，这是开展院系档案管理的导航和标尺。笔者认为在院系档案管理的平台上，根据制定的制度设计系统的架构思路，统一风格。总体把握纲举目张、有的放矢原则，采取"鱼骨刺"的架构方法，即以"鱼"的主干"骨"为中心，"鱼刺"为分支铺开，所有分支的

材料都为"骨"支撑。这样的思路和方法在实践中运用得到了较好的效果。同时架构图设计还应融入美学中的均衡、对称、对比、韵律、色彩等原理，根据不同的内容采用不同的图形以及字号字体的选择，使图表文字和谐统一，从而体现出不同内容有不同描述的图表美、结构美，增强体系的直观性和感染力。为管理者提供了清楚的方案，利于工作的开展，这种设计是实现院系档案规范化管理的最佳途径。

具体从以下几个方面进行：

（一）院系文件资料总架构的设计

根据院系档案管理文件的分类，进行梳理选择。首先确立分类的项目共有8项，即党团类、行政类、教学类、科研类、声像类、教师个人业务类、设备类、实物类等，统一采用代码标识，如DT、XZ、JX、KY、SX、JS、SB、SW等，以体现档案检索的标识。其次，把握总架构体现院系档案概貌的特征，应考虑架构图的版面容量，采取层层分级的网络辐射的布局方式，对8项类别下属的分支进行选择有两种：一是具有独立性的，下面又有若干子项目，如党团类、教学类、声像类及教师个人业务类等，将重要的分支列出，下属子项目就不必出现，可通过子体系另设架构；二是比较单纯直接的体系可以直接在总架构图上体现，如行政类、科研类、设备类、实物类等。三是，以"鱼骨"方式，在排序、图形及版式设计上实行对称、统一有变化等美学原则，整体风格严谨而不呆板，现代而又朴实，体现院系文件资料归档的总体思路。例如，8项体系统一采用长方形和字体、字号，整齐地排列，分支下属的材料项目又以各种图形来实现统一中求变化的美学原理，并用色彩标出，从而达到层次清晰的境地，统一服从一个主题。简单方便，让人一目了然是设计架构的始终。

（二）院系文件资料子体系架构的设计

总架构纲举目张，概括了院系档案的全貌，统领8个体系，而子体系就像渔网样铺开，具体而又清晰，便于实践和操作。因为"鱼骨"的延伸必须通过"鱼刺"来展开，所以在建立体系架构设计时，要有总体的思路，才能将子体系的架构图设计得完美统一。下面具体分析教学类、音像类及教师个人业务类的架构设计。

1. 教学类体系的架构

教学文件资料是院系档案的主流，占据了院系档案的主要篇幅，其他体系都是围绕着教学而开展，其地位随着教学评估的不断深入而日趋上升。由于教学档案辐射各个层面，涉及众多学科领域，所产生的材料量大，品种丰富门类多，给档案管理带来一定的难度，因此建立教学文件资料管理体系的网络架构已是当务之急。通过层层架构的系统设计来体现内容与形式的结构思想，为便于直观方便的收集，应采用构图画面多样统一的美学原则，来塑造一系列生动活泼的形象，层层建立又不失单调。具体细致，一目了然，来顺利完成归档任务。

直白明晰统一的教学网络架构。教学类体系主要由综合管理、学科专业实验室、教学与实践、教材、学籍管理、毕业生工作等6大板块构成，下设数十个材料项目金字塔式的结构体例。设计突出6个子体系，与总架构保持风格一致，整齐排列，均有代码标识：JX1–JX6，用椭圆形表示，以区别总架构，下设的材料项目用方块展示，由于"教学与实践"材料丰富品种多，为节约空间可借用其他体系的空地，将21项材料延续其中，用颜色与其他体系进行区分并突出了主体，形成大小对比，错落交替，层次分明的态势。其结构简单、形象明确、次序井然并有规律，显示了现代造型艺术的主要特征，给人清新明丽之感，方便于收集归档。

子体系下属材料项目的架构丰富活跃。纵观教学档案体系的分布，"教学与实践"是6项子体系中分量最重、内涵最丰富的部分，也是教学档案的核心和主体而这部分量最多的要数试卷、毕业论文、教案讲稿等，这三项也是教学及专业评估的重点检查项目，因为这三项最能反映"教"与"学"的成效和质量，所以应用架构体系的系统设计，可以理清思路，解决收集混乱的现状。设计运用几何图形与图片的结合，采用辐射型的网络架构，要求图文并茂，简约鲜明，风格同中求异，符合内容，便于区分其他类别的架构。例如：简洁的试卷管理流程、形象的教案库等架构，都为丰富的教学档案塑造了生动的形象。

同时架构中有架构，层层系统建立，使管理更趋向标准化，更符合现代化管理的模式。例如："教学与实践"中的毕业实习/设计1论文管理架构和毕业论文库架构。前者内容具有成套性，品种多样，架构设计应与之相吻，可采用平面、立体的图形以及灰蓝色的基调来反映归档的内容；后者是前者的分支，内容单一，形式相对简洁明晰。

2. 声像类和教师个人业务类的架构

社会信息的飞速发展，促进了高校档案资料载体的丰富多彩；高等教育越来越重视教师个性化的发展，高校档案产出了新兴的类目，即音像类和教师个人业务类，这两类的出现丰富了高校档案传统的归档模式，也增加了院系档案管理的难度。因此，在院系档案管理的平台上同样也要加强这两个体系的建立，其架构的设计因内容的需要更趋向活泼。例如：声像包括教学、科研、党政、学生工作等；载体有照片、光盘、磁带、录像带、多媒体课件等；归档鉴定、分类、整理、编写说明等；管理分为声像资料库（数字网络储存、图片实物保存），开发编研（多媒体、橱窗展览）等。将这些内容采用丰富有趣的图片直观地表现，设计新颖、布局合理、突出主题，使构图画面产生内容与形式和谐统一，给人一目了然的和谐之美，留下较深的印象。

教师个人业务档案的建立，各高校有许多版本，比较规范的应具备人事资料、教学资料、教学改革、科研情况、学术交流以及获奖情况等6个指标体系，这6个方面下属材料若干项已基本反映了一位教师的整体水平。建立院系人才信息库，不仅为学院的发展铺垫了基础，而且为教师评定职称、领导绩效提供了依据。因此，既要设计体系的架构，以便于教师按体系建档，又要设计各类表格发给老师统一填写。设计简洁明了，归档方便。

三、系统化、规范化、标准化的架构体系

系统地建立院系档案体系，清晰明了的架构设计方案，为基层档案管理指明了方向；用制度保障了档案管理工作的顺利开展，对提升办学层次起了推进作用。形成系统的网络化管理，为开发利用档案奠定了格局，无论从纸质档案，还是数字网络管理，都使得院系文件资料归档有序，检索分类明晰，查阅调档快捷。通过美学原理设计出图文并茂的架构图，不仅增强了体系的直观性和感染力，而且给管理者带来工作中的乐趣，促进了工作效率的提高，从而改变了人们对档案工作枯燥乏味的印象，有效地提升了档案管理水平。这种良好的势头，让人们坚信，只要用心坚持，定会走出困境，改写院系档案管理混乱的历史。

过去许多教师不知道如何移交档案，也不清楚哪些材料应该移交，现在可以依据制度，对照架构图整理当年的材料归档，使用起来觉得十分便捷；档案员按照架构体系收集汇总，分类、编研、装盒上架，以及数字化电子群库的建立，多媒体的编研等都发挥了较大的作用。所设计并形成的院系工作档案管理平台模式，有效地改变了被动归档的状况，为今后院系工作管理和教学改革奠定了坚实的基础。

第三节　高校智慧档案建设的新方向

一、高校信息化的新机遇

高校信息化始于20世纪80年代，经过多年的数字校园建设，高校信息化水平已经大幅提升，教学、科研、财务、资产、档案等高校主要业务领域都完成了一系列信息化建设。

近年来，随着云计算、大数据、物联网、移动互联、社交网络等新型信息技术的快速提升和广泛应用，高校信息化已经进入了新的阶段——智慧校园时代。当前业界普遍接受的智慧校园定义来自清华大学的蒋东兴教授，即"智慧校园是高校信息化的高级形态，是对数字校园的进一步扩展与提升，它综合运用云计算、物联网、移动互联、大数据、智能感知、商业智能、知识管理、社交网络等新兴信息技术，全面感知校园物理环境，智能识别师生群体的学习、工作情景和个体的特征，将学校物理空间和数字空间有机衔接起来，为师生建立智能开放的教育教学环境和便利舒适的生活环境，改变师生与学校资源、环境的交互方式，实现以人为本的个性化创新服务"。相比于传统的数字校园，智慧校园有以下主要特征。

（一）互联网高速发展

数字校园的发轫正是源自校园网络建设，智慧校园比数字校园更加强调移动互联。智慧校园时代不仅关注人与人之间的连接，还关注人与物、物与物之间的连接，物联网技术的快速发展，为智慧校园提供了基础。

智慧校园对信息及时性的要求也大幅提升，实时反馈、随时随地智能服务的能力，都要求高速发展的互联网络。

（二）智能终端广泛应用

移动设备近年来得到了爆发式的增长，在校园内日益普及，已经具备了随时随地的计算、信息获取与感知能力，人与物之间的互动已经不再是遥不可及的幻想。各种智能感应技术，如重力、温度、红外、体态、压力、位置、光线等，已经得到了广泛的应用，原来只能靠感性描述的校园环境和活动，已经可以在智能感应的基础上形成定量的数据描述，为智慧校园建设打下了坚实的基础。

（三）团队协作便利充分

智慧校园时代需要有意识的大规模协作，便利的团队协作包括统一通讯、日程共享、团队协同等。统一通讯为师生提供了统一集成、多渠道、多模式、多终端的通讯服务；日程共享将各类资源、活动、信息按照时间的线索组织，提供个性的集成日程展示；团队协同提供交流与协作工具，师生们可以充分地共享知识、协同工作。

（四）集体知识共生共荣

在智慧校园的框架下，需要构建一个知识系统，使高校内的各种信息通过获取、创造、分享、整合、记录、存取、更新、创新，在这个知识系统中不断地循环和反馈，累积为集体知识、集体智慧，提升整个校园的智慧水平，实现集体知识共生共荣，推动高校的知识创新。

（五）业务应用智能整合

相较于传统的数字校园，智慧校园要从业务分割、相对封闭的信息化架构向开放、整合、协同的信息化架构发展，需要基于云计算、大数据等技术，实现海量数据的存储、计算与分析，并以此为基础，提升决策支持的能力。

（六）外部智慧融会贯通

高校在当今社会，特别是数字视角下的社会中，不是孤立的，越来越需要和外部世界融会贯通，需要外部世界的支持来推动学校的可持续创新进程。随着互联网的高速发展，"外部智慧"也得到了飞速提升，高校需要从外部智慧中发现技术进步发展的趋势、经济社会发展趋势，甚至是教育变革的发展趋势，并将之融入高校的发展规划，保证高校的可持续发展。

二、高校档案馆发展的新形态

档案，不仅是人类智慧的沉淀，更是智慧启迪的引擎。上至国家的发展战略、城市管理模式，下至高校的发展规划，都离不开档案，特别是信息化快速发展的今天，档案的公共服务性和社会管理性就显得更加重要。

作为档案信息化建设的核心内容，在智慧城市、智慧校园等智慧生态快速发展的环境下，档案馆正在从当前重视馆藏档案资源数字化管理的思维，向档案馆全面信息化管理的智慧模式转变，智慧档案馆已逐渐代替传统的数字档案馆成为档案界最前端的理念。数字档案馆是将传统纸质档案数字化处理并保存，通过电脑、网络提供查询和利用，是一次档案信息脱离载体的解放。智慧档案馆作为档案馆发展的新形态，通过云计算、大数据、物联网等新技术实现对档案信息及其载体的智慧管理，对档案利用者的智慧服务，从而构建档案馆管理与运行的新形态、新模式。这种转变不仅出自档案管理理论和实践本身的发展需求，更有来自社会变革、服务演进的深层次需求。数字档案馆和智慧档案馆的本质区别包括以下三个方面。

（一）硬件设施

传统高校档案馆馆舍和库房的建造一般采用安防、门禁等监控系统进行环境安全控制，出现事故后由人工进行事后检查和分析。在档案库房中，一般沿用传统加湿器、空调等温湿度控制手段，对库房进行环境控制。智慧档案馆可以采用物联网感知技术对档案馆馆舍内外环境进行全面改造，收集并整理各种实时信息，依托智慧校园集成的校园管理网络，将馆舍外的行人交通流量以及库房内的温湿度变化以数据的形式汇总并分析，以数据为依据建造最节能、环保和智能的智慧档案馆。

（二）软件服务

数字档案馆时期，高校档案馆致力于馆藏资源数字化以及新增归档文件的电子化，通过开发各种档案信息管理系统对档案资源进行安全管理和信息检索，并将这些电子化的档案信息提供给利用者。智慧档案馆在管理这些电子化档案信息的基础上，以智慧校园的云服务中心为主，档案馆的计算机网络设施为辅，将档案信息保存在云端，一则确保信息的安全备份，二则也能提供异地档案查阅服务。

（三）人员队伍

数字档案馆依托各档案管理系统，要求档案管理业务人员熟练掌握使用计算机和档案管理系统，具备较高业务素质。智慧档案馆对领导到行政管理人员、档案管理和IT服务人员提出全面的要求，重点加强IT服务部门人员的档案专业服务技能和档案管理人员的IT技术技能的培育和提升，以这支技术队伍来保障智慧档案馆优质、高效、便捷的运转。

三、智慧校园中的智慧档案馆

相比于传统的数字校园，智慧校园更加强调物理校园与虚拟校园的融合，为了实现这种融合，智慧校园建立了以大数据为核心，以智能感知为媒介，以智慧应用为依托的智慧校园信息化支撑平台。

智慧档案馆的发展也离不开智慧校园的发展，在智慧校园框架下的智慧档案馆建设需要着重考虑以下问题：

（一）合理运用云计算、大数据等信息技术

合理利用云计算、大数据等新兴信息技术工具和传统的数字校园、数字档案馆相比，智慧校园、智慧档案馆是一个更加开放、整合、协同的信息化架构，正需要云计算技术所提供的可动态配置资源、可扩展性、按需服务的模式。和智慧校园架构中的其他组成部分相比，档案馆是信息的高度聚集地，传统的信息处理技术还不足以将这些信息的价值充分释放出来，云计算、大数据等新兴信息技术的飞速发展，正是这些信息价值得以展示的最佳时机。大数据技术最核心的机制在于对海量数据进行存储和分析，智慧校园需要智慧档案馆基于这些海量数据分析感知校园、展开智慧的应用，云计算和大数据已经向我们提供了强大的技术支持，如何对档案馆中的海量数据组织、建模，正是智慧档案馆建设中的核心问题。与此同时，站在智慧校园的平台之上，如何利用云计算、大数据手段对馆藏档案资源进行智能化管理和分析，把庞大档案资源的最大价值体现出来，也是摆在我们档案人面前的首要课题。

（二）充分整合档案信息资源建设智慧档案馆

无论是智慧校园，还是智慧档案馆，都要求架构更加开放，业务系统更加灵活，以适应业务的改变。现有的数字档案馆建设中，许多异构系统之间的数据仍然使用各自独立的数据模式、元数据模型，将相对独立的源数据集成在一起通常需要大量的工作。随着智慧校园的发展，信息建设的深入，不同应用之间的功能界限正在变得越来越模糊，随之带来的全校甚至全社会的信息整合正在变为可能。智慧档案馆将在智慧校园的框架之下，集成全校教学、科研、行政等方面的完整信息，以数据无缝对接的方式合理共享这些信息，不仅将烦琐的档案征集工作变得简单便捷，而且提高了档案信息的完整性和准确性。这些档案信息进入档案馆数据库可以丰富和补充馆藏档案，并向用户提供最即时的档案信息服务。

（三）智慧档案馆的建设应该更多地体现人性化、精细化的智慧特征

智慧档案馆要求不断增加馆藏资源的深度和广度，持续性地提供越来越人性化的档案服务，增进档案管理的精细化程度，以体现更多的智慧特征。在档案征集过程中，需要在已有工作模式积累的基础上，借助云计算和大数据手段获取档案资源，为智慧校园、智慧城市等智慧生态提供更加扎实的知识积累。在档案管理过程中，应当利用智慧档案馆提供的软硬件设施，对馆藏档案进行精细化管理，提高管理效率；在档案利用过程中，必须提

高信息获取的便捷度，借助云技术手段使异地查阅变得安全和准确，大大降低利用者的阅档成本；在档案传播过程中，智慧档案馆将依托智慧校园框架，把档案以丰富多彩的方式呈现出来，通过分析用户兴趣需求来实现主动推送的可能。

第五章

新媒体环境下高校档案文化建设的
形式和时代价值

第一节 高校档案文化建设的具体形式

一、新媒体平台中的档案文化传播途径

在新媒体技术飞速发展的背景下，档案文化的传播方式也发生了重大变革。新媒体平台打破了传统传播途径的时间与空间限制，为档案文化的传播带来了前所未有的机遇和挑战。通过多元化的传播形式和强大的技术支持，新媒体平台为档案文化提供了更广泛的受众覆盖和更加灵活的传播路径。

（一）多媒体形式提升档案文化传播的吸引力

新媒体平台最显著的特征之一是其支持多媒体形式的传播，传统的档案文化传播多依赖于文字和图片形式，这种单一的呈现方式往往难以吸引受众的持续关注。新媒体平台则通过整合文字、图像、音频、视频等多种形式，使得档案文化的传播更加丰富和生动。例如，档案文化可以通过视频平台制作短片或纪录片形式展示档案背后的历史故事和文化内涵。音频平台可以推出档案文化相关的播客，讲述历史人物的故事或档案资料中的细节。

而图像与文字可以通过社交媒体平台，展示档案中的珍贵照片和历史文献。新媒体平台通过这些多样化的呈现形式，能够吸引不同兴趣和需求的受众，增强档案文化的传播效果。

多媒体形式还提高了档案文化的视觉冲击力和吸引力，例如，通过视频短片和图文结合的形式，可以让受众更加直观地感受到档案文化的深度和广度。与单一的文字传播相比，多媒体传播更加生动、直观，有助于提升受众的情感共鸣和文化认同感。此外，多媒体传播的互动性更强，受众可以通过评论、分享等方式参与到档案文化的讨论中来，进一步促进档案文化的传播。

（二）社交媒体平台扩大档案文化的传播范围

社交媒体平台作为新媒体的重要组成部分，为档案文化的传播提供了广泛的受众基础和传播渠道。与传统媒体相比，社交媒体具有极强的互动性和即时性，通过社交网络，档案文化的传播可以实现大范围扩散，迅速覆盖更多的受众。

首先，社交媒体平台通过广泛的用户基础，能够将档案文化传播到更大范围的受众群体中。高校可以通过微博、微信等社交媒体平台，发布档案文化相关的内容，如历史事件介绍、档案展览信息、档案故事等，吸引更多的用户关注和分享。这种基于社交网络的传播方式，不仅能够迅速扩大档案文化的传播范围，还能够通过用户的自发分享形成二次传播，使档案文化在更广泛的群体中传播开来。

其次，社交媒体平台的互动性为档案文化传播提供了新的动力。在社交媒体平台上，用户不仅可以被动接受信息，还可以通过评论、点赞、分享等方式积极参与到档案文化的传播中来。高校可以通过社交媒体平台组织各种互动活动，如档案知识竞赛、历史故事分享、线上问答等，吸引用户的参与和互动。这种互动式传播方式不仅增强了受众的参与感，还促进了档案文化的深入理解和传播。

最后，社交媒体平台的即时性特点使得档案文化的传播更加灵活和迅速。高校可以利用社交媒体平台发布实时更新的档案文化活动信息，如档案展览预告、讲座直播通知等，吸引更多的受众参与到活动中来。同时，社交媒体平台的用户反馈功能还可以帮助高校及时了解受众的需求和兴趣，进而优化档案文化的传播策略。

（三）在线档案数据库的建设提升档案文化的可访问性

新媒体平台中，在线档案数据库的建设为档案文化的传播提供了重要的技术支持。通过将档案资料数字化并存储在在线数据库中，档案文化可以突破实体空间的限制，实现全球范围内的访问和传播。

1. 在线档案数据库提升了档案文化的可访问性

传统的档案管理方式多依赖于纸质档案和实体档案馆，受限于地理位置和时间，档案的获取和利用较为不便。通过新媒体平台，档案资料可以被数字化并上传至在线数据库，受众可以通过互联网随时随地访问这些档案资源。这种数字化的管理方式不仅提升了档案资料的保存和管理效率，还使得档案文化的传播更加便捷和高效。

2. 在线档案数据库的建设为档案文化提供了丰富的资源

通过在线数据库，学术研究者、学生和公众可以方便地查阅和利用档案资源，开展档案文化的研究和推广活动。高校可以通过在线档案数据库发布各种类型的档案资料，如历史文献、照片、音像资料等，为档案文化的传播和研究提供丰富的素材和数据支持。这种基于新媒体平台的档案文化传播方式，不仅有助于档案文化的传承和发展，还促进了档案文化在社会的传播。

3. 在线档案数据库的建设为档案文化的传播带来了创新机会

通过结合大数据、人工智能等新技术，在线档案数据库可以实现智能化的档案检索和推荐功能。用户访问在线档案数据库时，系统可以根据其浏览历史和兴趣偏好，推荐相关的档案资料或历史事件，提升用户的使用体验和档案文化的传播效果。这种智能化的传播方式不仅提高了档案文化的传播精准度，还增强了用户对档案文化的兴趣。

新媒体平台中的档案文化传播并非局限于单一平台，而是通过跨平台整合，实现档案文化的多元传播和广泛覆盖。高校档案馆可以通过整合不同的新媒体平台，如社交媒体、在线数据库、虚拟现实平台等，形成一个相互支持、互为补充的传播体系。

跨平台整合的一个重要作用在于提升档案文化的传播效果。通过在不同平台上发布档案文化内容，高校档案馆可以覆盖不同类型的受众。例如，社交媒体平台可以发布简短的档案故事和互动内容，吸引普通公众的关注；在线档案数据库则可以发布更为详尽和学术化的档案资料，供学术研究者和学生使用；虚拟现实平台则可以提供更具互动性和沉浸式的档案文化体验，吸引对科技感兴趣的受众。通过跨平台传播，档案文化能够在不同的受众群体中获得更大的影响力。

二、社交媒体在高校档案文化中的应用

社交媒体作为新媒体环境中的重要传播工具，已经广泛应用于高校档案文化的传播和

推广中。通过社交媒体平台，高校档案文化不仅能够更有效地连接广大受众，还能够通过多样化的传播形式和强互动性实现档案文化的广泛传播和深度参与。社交媒体在高校档案文化中的应用不仅提升了档案文化的可见度，还为其提供了全新的发展路径和传播方式。

（一）档案文化的多元传播方式

社交媒体平台提供了多样化的传播方式，使得档案文化可以通过不同的形式展示和传播。传统的档案文化传播多依赖于学术文章、展览或书籍，而社交媒体打破了这一单一的传播模式，提供了更丰富的表达渠道。高校可以通过文字、图片、视频、直播等多种形式，在社交媒体上展示和推广档案文化。

社交媒体的图片和视频功能可以将档案文化的内容更加直观地呈现给受众。例如，高校档案馆可以发布档案图片、历史照片、文献扫描件等，让受众通过视觉感官来了解历史和文化。相比于传统的文字叙述，图片和视频的展示方式更具吸引力，尤其是对年轻的受众群体而言，这种视觉化的传播形式能够有效提升他们对档案文化的兴趣和关注度。

社交媒体上的短视频和直播功能为档案文化传播提供了全新的体验。高校档案馆可以通过短视频平台，发布简短的档案文化视频，讲述历史事件、文化故事或档案背后的独特价值。直播功能则可以为档案文化活动提供实时互动的传播途径，如直播档案展览、讲座或专题讨论，吸引观众的实时参与。这种实时互动的传播形式不仅增强了受众的参与感，还能够通过即时反馈提升传播效果。

（二）档案文化的广泛覆盖与精准传播

社交媒体平台具有广泛的用户基础和传播力，使得高校档案文化能够覆盖到更大范围的受众。无论是学生、教师还是社会公众，都可以通过社交媒体平台了解高校档案文化的内容和活动。通过在社交媒体上发布档案文化相关的内容，档案馆可以轻松触及不同年龄段和背景的受众，打破了档案文化传播的传统壁垒。

高校可以利用社交媒体平台的广泛覆盖，定期发布档案文化的相关内容，如档案展览、讲座预告、历史资料分享等，确保档案文化活动能够被更多的受众群体所知晓。社交媒体的分享机制还能够通过用户的自发传播，实现信息的二次传播，进一步扩大档案文化的影响力和受众群体。例如，用户可以将他们感兴趣的档案内容分享到自己的社交网络中，使得更多人能够了解和参与档案文化活动。

与此同时，社交媒体的精准传播能力也为档案文化的推广提供了新的可能。通过大数据分析和用户行为数据，社交媒体平台能够帮助高校档案馆了解受众的兴趣、偏好和需求，进而定制化发布相关内容。例如，档案馆可以根据受众的兴趣标签，向他们推送特定主题的档案文化内容，如特定历史时期的档案、地方历史或校园文化。这种精准化的传播方式不仅提高了档案文化的传播效果，还能够增强受众对档案文化的参与度和认同感。

（三）社交媒体平台的互动性与参与感

社交媒体平台最显著的特点之一是其强大的互动性，用户可以通过点赞、评论、转发等功能与内容进行互动。相比于传统的档案文化传播方式，社交媒体上的互动性为档案文化的推广增添了新的活力，受众不再是被动的信息接受者，而是可以积极参与到档案文化的传播与讨论中。

高校档案馆可以利用社交媒体平台的互动功能，开展各种形式的档案文化互动活动。例如，档案馆可以设置档案知识问答、历史故事接龙等互动游戏，吸引用户参与，并通过社交平台进行传播。这种互动式的传播方式不仅增加了用户的参与感，还促进了档案文化在社交网络中的扩散和推广。

同时，社交媒体的评论功能为档案文化的讨论与交流提供了平台，用户可以通过评论区发表他们对档案文化的看法、分享他们的历史记忆或提出问题。这种互动不仅增加了档案文化的趣味性，还能够通过讨论引发更多人对档案文化的关注和兴趣。高校档案馆也可以通过评论区及时了解受众的反馈，根据受众的需求调整档案文化的传播内容和策略，进一步提升传播效果。

此外，社交媒体的社群功能为档案文化的社区化传播提供了可能，高校档案馆可以通过建立社交媒体群组或话题标签，聚集一群对档案文化感兴趣的用户，形成档案文化的线上社区。在这个社区中，用户可以分享他们的档案研究心得、讨论历史事件或参与线上档案文化活动。这种社群化的传播形式能够增强受众对档案文化的归属感和认同感，形成更强的档案文化传播效应。

（四）档案文化活动的宣传与推广

社交媒体平台在档案文化活动的宣传与推广中扮演着重要角色。通过社交媒体平台，高校档案馆可以更加灵活和高效地发布档案文化活动的相关信息，如展览预告、讲座通知、活动直播等，吸引更多的受众参与到档案文化活动中来。

1. 社交媒体的及时性和广泛覆盖性为档案文化活动的宣传提供了支持

高校档案馆可以通过社交媒体发布活动海报、预告视频等宣传材料，并结合活动的主题设计互动性强的预热活动，如在线投票、历史知识问答等，吸引用户的关注。这种实时的宣传方式能够迅速扩大档案文化活动的影响力，吸引更多的参与者。

2. 社交媒体平台的多样化为档案文化活动的推广增添了更多可能性

高校档案馆可以通过社交媒体直播档案文化活动，如展览开幕式、专家讲座、专题讨论等，吸引那些无法亲临现场的观众通过网络参与。这种线上线下结合的活动形式不仅增加了活动的参与度，还能够通过线上传播扩大档案文化活动的受众范围。

3. 社交媒体为档案文化活动的后续宣传提供平台

高校档案馆可以通过社交媒体发布活动的总结、回顾视频、优秀作品展示等内容，进一步扩大档案文化活动的影响力。这种持续性的宣传方式不仅能够延续活动的影响力，还为档案文化的长期推广打下基础。

三、高校档案文化的跨平台传播策略

随着新媒体技术的广泛应用，高校档案文化传播的渠道和方式发生了深刻的变革。跨平台传播策略已经成为高校档案文化推广和发展的重要途径，通过整合多种媒体平台的优势，高校可以更有效地扩大档案文化的影响力，并实现档案文化在不同受众群体中的广泛传播。跨平台传播不仅仅是将内容分发到多个平台，还包括根据平台特性制定个性化的传播策略，以实现更精准、更有效的档案文化推广。

（一）跨平台整合的必要性

在信息化与数字化快速发展的时代，单一平台已经不足以满足档案文化传播的需求。跨平台整合的必要性体现在两个方面：一方面是传播效率的提升，另一方面是受众的覆盖广度。单一平台的传播受众有限，平台用户习惯和偏好的差异性使得档案文化在不同平台上具有不同的传播效果。跨平台传播可以通过整合多种媒介资源和平台功能，实现档案文化传播的最大化，确保档案文化能够在多个平台中同时呈现，并达到不同用户群体。

高校档案文化传播通过跨平台整合，不仅可以在不同平台上推广特定内容，还可以利用每个平台的优势来增强档案文化的传播效果。例如，社交媒体的互动性可以促进档案文化的参与度，视频网站的视觉展示能力可以增加档案内容的吸引力，而专业学术平台则可以为档案文化传播提供权威性和深度分析。通过这种跨平台的整合传播，档案文化可以借助各平台的优势实现传播效应的叠加，形成更为广泛的影响力。

高校档案馆可以通过跨平台策略，在不同平台上传播档案文化的不同内容，丰富传播内容的层次。例如，在社交媒体平台发布简短的档案故事和视觉内容，以吸引大众受众；在学术平台发布档案的详细资料和研究成果，满足学术研究者的需求。跨平台整合能够帮助高校更有针对性地传播档案文化，实现内容的多元化与传播效果的最大化。

（二）根据平台特性制定个性化传播策略

不同的新媒体平台具有不同的用户特点和传播机制，高校在进行跨平台传播时，需要根据平台特性制定个性化的传播策略。这样不仅能够增强档案文化的传播效果，还能够提升受众的参与度和忠诚度。

1. 社交媒体平台适合发布简短且互动性强的内容

平台如微博、微信等，用户习惯于快速浏览和即时互动。因此，在这些平台上，高校档案馆可以侧重于发布简短的档案文化故事、历史事件的简述、互动式问答或历史知识竞赛等。这类内容不仅能够吸引用户的兴趣，还能够通过社交媒体的分享机制快速扩散，形成广泛的传播效应。通过在社交媒体平台上定期发布与档案文化相关的内容，高校档案馆可以逐渐积累关注度，增强用户对档案文化的认同感和归属感。

2. 视频网站适合发布更具视觉冲击力的档案文化内容

用户偏好观看视频内容，高校档案馆可以通过制作档案文化的纪录片、短视频、动画片等，生动展现档案背后的历史和文化内涵。视频内容能够通过影像和声音的结合，增强观众的情感体验和代入感，使得档案文化的传播更加生动具体。通过制作与档案文化相关的系列视频内容，高校可以在视频网站上逐步形成稳定的受众群体，提升档案文化的品牌影响力。

3. 学术平台和在线数据库适合发布详细的档案资料和研究成果

平台如中国知网、学术论文库等，是学术研究者和专业人士的重要资源库。高校档案馆可以通过这些平台发布档案文化的研究成果、档案目录、历史文献等，满足学术研究者的需求。学术平台的专业性使得这些内容更具有权威性，有助于推动档案文化在学术界的广泛应用和研究。同时，学术平台还可以通过数据共享和在线资源库的形式，促进档案文化的进一步发展和传播。

（三）跨平台内容协同与优化

跨平台传播的关键在于内容的协同与优化。不同平台的用户群体和使用场景各不相同，高校档案文化传播时需要考虑如何在不同平台上实现内容的有效整合和优化，确保传播内容的一致性与连贯性，同时根据平台的特点进行个性化调整。

跨平台内容的协同可以通过统一的传播主题和品牌形象来实现，高校档案馆可以在不同平台上发布统一主题的内容，如历史人物专题、校园档案回顾等，并确保这些内容在各平台上保持一致的视觉风格和品牌标识。通过这种统一的内容协同，档案文化的传播可以更加系统化，有助于形成清晰的档案文化品牌形象。此外，跨平台的内容协同还可以通过不同平台的内容互补实现。例如，社交媒体上发布的档案故事可以链接到学术平台上的详细档案资料，或者视频网站上的档案纪录片可以通过社交媒体进行预告和宣传，实现内容的相互促进。

内容优化则要求高校档案馆在跨平台传播时，根据平台的特点进行内容调整。例如，在短视频平台上发布的档案文化视频需要简洁有力、节奏明快，以适应用户的观看习惯；而在学术平台上发布的档案资料则需要更为详尽和严谨，以满足专业研究者的需求。通过内容的优化，高校档案文化能够在不同平台上实现更好的传播效果，提升受众的体验和参与感。

（四）数据驱动的跨平台传播效果分析

在跨平台传播策略中，数据分析是至关重要的环节。通过对各平台传播数据的分析，高校可以及时了解档案文化传播的效果，并根据数据反馈进行传播策略的调整和优化。

首先，社交媒体平台提供了丰富的数据分析工具，高校可以通过这些工具追踪档案文化内容的传播效果，如浏览量、互动率、分享次数等。通过分析这些数据，高校可以了解哪些内容受到了受众的欢迎，哪些传播策略需要改进。例如，如果某一档案故事在社交媒体上获得了较高的互动率和分享量，高校可以分析其成功的原因，并根据这一经验优化其他档案文化内容的发布和推广。

其次，视频网站和学术平台的数据分析也为档案文化传播的优化提供了参考依据。在视频网站上，高校可以通过数据分析了解观众对档案文化视频的观看时长、点赞评论等，进一步调整视频内容的长度、结构和表现形式。在学术平台上，数据分析可以帮助高校了解档案资料的下载量、引用频率等，判断哪些档案文化内容受到了学术界的关注，并根据这些数据优化档案文化的学术推广策略。

数据驱动的跨平台传播效果分析不仅可以提升档案文化的传播效果，还能够帮助高校档案馆更精准地把握受众需求，提升档案文化传播的针对性和有效性。

（五）跨平台传播中的品牌塑造与维护

在跨平台传播过程中，高校档案文化品牌的塑造与维护同样至关重要。跨平台传播策略不仅是为了扩大档案文化的传播范围，还在于通过不同平台的整合，逐步塑造高校档案文化的品牌形象，提升其在公众中的认知度和美誉度。

1. 品牌塑造需要有明确的主题和核心价值

高校档案文化品牌的核心在于文化传承和历史记忆，因此，档案文化的跨平台传播应围绕这一主题展开。无论是社交媒体上的简短档案故事，还是学术平台上的详细档案资料，都应始终保持档案文化品牌的一致性。通过持续发布高质量的档案文化内容，高校可以逐步在公众中建立起可信赖的档案文化品牌形象。

2. 品牌维护需要通过与受众的互动来实现

跨平台传播的过程中，受众的参与和反馈是品牌维护的关键。高校档案馆可以通过社交媒体与受众互动，了解他们对档案文化内容的兴趣点和需求，并根据这些反馈不断优化品牌传播策略。同时，定期举办线上线下相结合的档案文化活动，如档案展览、讲座、互动竞赛等，也有助于提升档案文化品牌的影响力和公众认可度。

通过品牌塑造与维护，高校档案文化可以在跨平台传播中逐步形成稳定的用户群体，提升品牌忠诚度，为档案文化的长期发展打下坚实基础。

四、高校档案文化活动的线上线下融合形式

高校档案文化活动的线上线下融合形式是新媒体时代下档案文化传播和教育的重要发展趋势。这种融合形式不仅打破了时间与空间的限制，使得更多的受众能够参与到档案文化活动中，还提高了档案文化的传播效率与社会影响力。通过线上线下结合的方式，高校可以更加灵活、有效地组织档案文化活动，推动档案文化在校内外的广泛传播。

（一）档案展览的线上线下结合

档案展览是高校档案文化活动的重要形式之一。传统的档案展览通常依赖实体展厅，参观者需要亲临现场才能欣赏档案文物。然而，随着数字技术的发展，档案展览的形式开始发生变化，线上虚拟展览和线下实体展览逐渐结合，形成了更加灵活和丰富的展示方式。

线上档案展览通过数字化技术将档案资源转化为可在线访问的内容，使得参观者可以通过互联网随时随地浏览档案资料。高校档案馆可以创建虚拟展厅，将数字化的档案资源

通过网页、移动应用或虚拟现实平台进行展示。例如，历史档案、校史资料、重要人物的手稿和书信等档案资源可以通过高清图像、3D模型或视频的方式呈现出来，使观众能够在虚拟展览中获得类似于线下参观的体验。同时，虚拟展览还可以融入多媒体互动元素，如视频解说、音频导览和3D展示，增强观众的参与感和沉浸感。

线下实体展览则提供了更加真实和直观的档案文化体验。参观者可以亲身接触实体档案和文物，感受到档案文化的历史厚重感和物质存在感。通过实体展览，观众不仅可以直观地看到档案文物的细节，还能够与现场的专家、学者进行互动和交流，进一步加深对档案文化的理解。

线上线下展览的结合使得高校档案文化活动的受众群体得到了极大扩展。那些无法亲临现场的受众可以通过线上平台参与档案展览，增加了活动的覆盖面和影响力。同时，线上展览还可以与线下展览形成互动。例如，参观线下展览的观众可以通过手机扫描二维码，获取线上展览的扩展内容，或在展览结束后继续在线上访问相关资源。这种融合形式使得档案展览的传播效果更加持久，受众的参与度也得到了显著提升。

（二）档案文化讲座和论坛的线上线下联动

档案文化讲座和学术论坛是高校档案文化活动中不可或缺的环节。在传统模式中，讲座和论坛通常是在教室或会议室内进行，受众主要是校内的学生和教职工。然而，线上线下联动的形式使得档案文化讲座和论坛的传播途径更加多元，受众范围得以显著扩大。

线上档案文化讲座和论坛通常通过直播平台或视频会议软件进行。通过线上直播，档案文化活动可以打破校内的限制，吸引更多的校外观众参与。讲座内容可以涵盖档案管理、历史研究、档案保护与数字化等多个主题，专家和学者可以通过线上平台向全球的受众分享他们的研究成果和经验。线上直播的互动功能使得观众可以在观看过程中通过评论区、弹幕或在线提问的方式与讲座者进行交流和互动，增强了活动的参与感和互动性。

（三）档案文化教育与公众参与的线上线下互动

档案文化不仅是学术研究的重要领域，还是公众教育和社会文化传播的重要资源。高校可以通过线上线下互动的形式，将档案文化活动延伸至更广泛的社会层面，增强公众的档案意识与文化认同感。

通过线上平台，高校可以设计档案文化相关的在线课程、讲座和教育活动，面向公众开放。这些课程可以涵盖档案管理基础、历史档案解读、档案文化保护等多个方面，使公众有机会系统化地学习档案知识。在线课程的开放性和灵活性使得更多的人能够参与进来，无论是学生、研究者还是普通公众，都可以根据自己的时间安排进行学习。

线下部分，高校可以组织档案文化的体验活动，如档案馆开放日、历史档案修复体验、实地档案探访等。这些线下活动不仅能够吸引公众走进档案馆，亲身体验档案文化的魅力，还能增强人们对档案文化的保护意识和社会责任感。同时，这些活动也可以结合线上平台进行推广，吸引更多人参与。例如，在活动前期可以通过社交媒体进行预热宣传，活动中可以进行在线直播或发布实时动态，活动后则可以通过线上平台发布活动回顾与总结，吸引更多人关注和参与到档案文化活动中。

（四）高校档案文化品牌建设的线上线下协同

高校档案文化的品牌建设是档案文化传播与发展的重要战略目标。线上线下协同形式为高校档案文化品牌的塑造提供了多样化的路径。线上部分，高校可以通过打造统一的档案文化品牌形象，在各类新媒体平台进行持续的推广与宣传。通过官方网站、社交媒体、视频平台等，发布品牌相关的内容，如档案文化故事、专题展览、学术活动等，提升品牌的知名度和影响力。

线下部分，高校可以通过举办大型档案文化活动，如高水平的档案文化论坛、全国性或国际性的档案文化展览、档案文化节等，进一步提升档案文化品牌的知名度与权威性。这些活动可以吸引各界的关注，包括学术界、政府机构、社会团体等，为档案文化品牌增添更多的社会影响力。同时，线上宣传与线下活动的结合能够形成更加立体的品牌传播效应，推动高校档案文化品牌的持续发展。

第二节　文化自信视域下高校档案文化建设的时代价值

一、高校档案文化在增强文化自信中的作用

高校档案文化在增强文化自信中的作用不容忽视。作为高校文化的重要组成部分，档案文化不仅记录了校园历史、学术发展与社会变革，更承载着一代又一代学者的智慧与经验。高校档案文化通过保存与传承独特的历史记忆和文化基因，为增强文化自信提供了重

要的精神支撑和现实基础。

（一）高校档案文化是文化传承的载体

高校档案文化首先是文化传承的重要载体。档案不仅是知识与信息的载体，更是历史与文化的记录与延续。高校档案所保存的不仅是教育发展的历史资料，还包括校园文化、学术成果、社会责任等多方面内容，这些都是文化自信的重要来源。通过档案的保存与展示，高校将历史中的文化传统、价值观念和精神内涵传递给下一代学生和教师，帮助他们了解并认同本校文化的独特性与重要性，从而增强文化自信。

档案作为文化传承的载体，不仅限于单一的历史记录，更包括了多样化的文化表达，如文献、图片、音像、手稿等不同形式。这种多样化的档案形式使得文化传承更加立体化和具象化，增强了受众的参与感和理解度。通过定期组织档案展览、专题讲座和历史研讨会等活动，高校可以有效地将档案文化融入日常教学和校园文化活动中，使学生在潜移默化中接受并认同文化传承的重要性，这无疑是增强文化自信的重要途径。

（二）高校档案文化提升文化认同感

高校档案文化在提升校园文化认同感中起着至关重要的作用。文化认同是文化自信的基础，而高校档案文化通过保存、展示和传播校园历史和文化成就，增强了在校师生及校友对本校文化的认同感。这种认同感不仅体现在对高校历史和传统的尊重上，更表现为对高校在社会、学术、文化等多领域中贡献的自豪感。

通过档案文化的展示，高校能够向全校师生展示学校在历史长河中所取得的学术成就、文化积淀与社会贡献。这些成就和贡献不仅仅是学术论文、科研成果，更包括了学校在重大历史事件中的角色、知名校友的成长故事、校园文化的独特氛围等。通过这些内容的传播，师生对本校的历史有了更深刻的理解，进而增强对校园文化的认同感。

这种认同感不仅在校内产生影响，还能够辐射到社会层面。校友通过档案文化的展示，感受到与母校的紧密联系和文化纽带，从而产生强烈的文化认同感和归属感。这种认同感对于增强文化自信起到了至关重要的作用，特别是在社会文化多元化、全球化的背景下，校园文化认同感的提升能够为国家的文化自信建设提供坚实的基础。

（三）高校档案文化的社会文化影响

高校档案文化不仅在校园内具有重要影响，还能够通过其社会文化功能为增强文化自信贡献力量。高校作为文化的传播中心，档案文化不仅仅是校内的资产，还是整个社会的文化资源。通过档案文化的展示与研究，高校可以对外展示其在教育、学术、文化等领域的深厚积淀与创新精神，进而增强整个社会的文化自信。

档案文化的社会影响不仅限于学术界，还包括普通公众对文化历史的认知与认同。高校档案馆可以通过与博物馆、档案馆等机构合作，将校园档案文化纳入更大范围的文化展示与传播体系中。通过这种方式，社会公众可以更加深入地了解高校在文化传承和创新中的作用，从而增强对本国文化的自信。

高校档案文化的社会文化影响还体现在对国家文化自信建设的支持上。高校作为知识与文化的传播机构，其档案文化保存了丰富的历史文化资源，包含了国家在不同历史时期的教育与文化变迁过程。这些档案文化资源的展示与研究，不仅有助于提升高校自身的文化自信，还能够为国家的文化自信建设提供重要的理论和实践支持。

（四）高校档案文化促进文化创新

高校档案文化不仅是文化传承的重要资源，也是推动文化创新的源泉。文化自信不仅仅依赖于对历史文化的认同与继承，还要求在现有文化基础上进行创新发展。高校档案文化通过对历史的保存与反思，能够为当代文化的创新提供宝贵的经验与启示。

档案文化记录了高校在历史长河中所积累的学术思想、文化活动和社会实践，这些内容为文化创新提供了丰富的素材。通过对档案资料的研究与分析，学者们可以发现历史文化中的创新点和突破口，从而为当代文化的发展注入新的活力。高校档案文化的这一功能，不仅能够推动高校自身的文化创新，也为整个社会的文化创新提供了重要的动力。

高校档案文化的创新功能还体现在它能够为现代文化产业的发展提供参考和支持，通过将档案文化与现代科技、新媒体平台相结合，高校可以将其文化资源转化为具有商业价值和社会影响力的文化产品，如数字化档案展览、影视作品、文创产品等。这些创新形式不仅提升了档案文化的影响力，也为增强社会文化自信提供了新的途径。

（五）高校档案文化在全球化背景下的文化传播

在全球化背景下，文化自信的增强不仅需要立足于本国文化的传承与发展，还需要在国际舞台上展示和传播本国文化的独特魅力。高校档案文化作为本国文化的重要组成部分，通过其在国际文化交流中的展示与传播，为增强文化自信提供了重要的国际支持。

高校档案文化在全球化背景下的传播主要体现在两个方面：一方面是通过国际学术交流展示本国文化的深厚底蕴与学术成就；另一方面是通过跨文化合作，推动本国文化与其他国家文化的交流与融合。通过这些方式，高校档案文化不仅展示了本国文化的独特性，还增强了全球范围内对本国文化的认同与尊重。

高校可以通过国际学术会议、文化展览、档案交流等多种形式，将本国的档案文化推向世界。通过这些活动，不仅能够向国际社会展示本国高校在文化传承与创新中的成就，还能够促进全球范围内的文化交流与合作，提升本国文化在国际社会中的地位与影响力。在这种文化传播的过程中，高校档案文化为增强国家文化自信提供了坚实的基础。

二、高校档案文化在文化传承中的历史价值

高校档案文化是文化传承的重要载体，其历史价值体现在文化积淀、精神传承、学术研究和社会影响等多个层面。作为高校历史的真实记录，档案文化不仅保存了校园的记忆，还为后代提供了宝贵的历史资源，推动了文化的延续与创新。高校档案文化在文化传承中的历史价值不仅限于校内的师生，还对整个社会的文化发展具有深远的影响。

（一）高校档案文化作为历史记录的权威性

高校档案文化的历史价值首先体现在其作为历史记录的权威性。档案是高校发展历程的直接记录，具有真实性和权威性。高校的重大事件、教育政策、学术研究成果、社会责任和校园生活等，都通过档案得到了详细的保存。这些档案不仅是高校内部管理和发展的参考资料，更是社会研究者了解特定历史时期教育与文化发展状态的宝贵资源。

档案文化的权威性还表现在其对历史事件的真实记录上。相比于其他形式的历史记录，档案更加客观、详实，能够为研究者提供一手资料。例如，高校的政策变化、重要会议记录、知名教授的教学笔记和科研报告等档案，真实地再现了高校的发展轨迹和社会变迁。这些档案为历史研究者提供了深入了解特定历史时期文化与教育发展的窗口，也为学术界提供了权威的历史文献，确保了历史传承的准确性。

高校档案文化不仅是历史的保存者，还是权威历史的塑造者。通过这些档案，师生、校友和社会公众能够直观地了解高校的历史贡献，并在历史的反思与学习中，增强对高校文化的认同与归属感。这种权威性的历史记录为高校档案文化在文化传承中的历史价值奠定了坚实基础。

（二）高校档案文化在学术传承中的独特作用

1. 历史价值的体现

档案中保存的不仅仅是管理文件和活动记录，还包括大量的学术成果、研究资料和教

学实践，这些内容是学术传承的重要载体。通过档案文化的保存与传递，高校的学术思想得以代代相传，形成了学术创新的连续性。

高校档案中往往保存着学科建设的历程、学术研究的演变过程以及知名学者的学术思想和研究成果。这些档案不仅记录了高校学术领域的成就，还展示了学术思想的发展脉络。研究者可以通过查阅这些档案，了解学科发展的历史，掌握重要的学术节点和思想变迁，这对于推动当代学术研究具有重要的参考价值。

2. 学术传承中的教育资源

许多知名学者的教学讲义、研究笔记、学术报告等，经过档案的保存和整理，成为宝贵的教学资源。这些资料不仅帮助新一代学者了解前辈的研究思想和方法，还为他们提供了思维启发和学术灵感。通过档案的传承，学术思想得以延续与创新，推动了高校在学术领域的持续进步。

3. 对跨学科研究的支持

档案中保存的资料涉及多个学科领域，通过对这些跨学科档案的研究，学者们可以借鉴不同学科的研究方法和思维模式，促进学术创新与融合。档案文化作为学术传承的重要资源，为当代学者提供了丰富的研究素材和思想启示，体现了其不可替代的历史价值。

（三）高校档案文化对校园精神与文化的传承

高校档案文化不仅保存了高校的历史和学术成果，还承载了高校独特的校园精神和文化传统。校园精神是高校文化传承的重要内容，它反映了高校在长期发展过程中形成的价值观念、道德标准和学术精神。档案文化通过保存这些精神与文化的载体，使得校园精神得以传承和发扬。

校园精神的传承往往通过一些具有象征意义的档案进行，如校训、校歌、校徽的设计与演变，校园活动的历史照片和文字记录，知名校友的事迹等。这些档案不仅记录了校园文化的变迁，还为新一代的师生提供了情感共鸣与文化认同的对象。通过档案文化的展示，校园精神不仅在时间的长河中得以延续，还在新的时代中焕发出新的生命力。

高校档案文化对校园精神的传承还有助于形成师生和校友之间的文化纽带。档案文化保存了历届师生的共同记忆，这种记忆通过档案展览、讲座和校园文化活动被不断传递，形成了校园内外共同的文化归属感。档案文化不仅是校园精神的见证者，更是其传承者，它通过对历史的展示和文化的传播，增强了高校内部的凝聚力，并对外展示了校园文化的独特魅力。

（四）高校档案文化在社会文化传承中的桥梁作用

高校档案文化不仅对校园内的文化传承具有重要价值，还在社会文化的传承与传播中发挥着桥梁作用。高校作为知识与文化的传播中心，其档案文化通过展览、出版、交流等形式，广泛影响了社会文化的传承。高校档案馆不仅服务于校内师生，还通过与社会机构、博物馆、档案馆等的合作，将校园文化与社会文化相结合，推动文化的广泛传播与传承。

高校档案文化在社会文化传承中的桥梁作用体现在档案文化的社会化传播上，通过定期举办档案展览、讲座和公开活动，高校档案馆向公众展示了高校在文化、学术、社会责任等方面的历史贡献。公众通过这些活动，不仅了解了高校的发展历程，还接触到了更广泛的社会文化内容。高校档案文化的展示不仅是对高校历史的呈现，更是对社会文化的一种积极传播，促进了文化的交流与融合。

高校档案馆可以与地方档案馆、博物馆等机构合作，开展联合展览或专题研究，推动高校文化与地方文化、国家文化的相互交流与借鉴。这种跨领域的合作，增强了档案文化的影响力，使其在社会文化传承中发挥了更加广泛的作用。高校档案文化通过跨领域的文化传播，不仅保存了自身的历史价值，还促进了社会文化的多元发展。

三、高校档案文化对校园文化认同感的塑造

高校档案文化在校园文化认同感的塑造中扮演着重要角色。作为高校历史与文化的重要载体，档案文化通过保存、传承和展示校园的历史记忆、学术成就和文化传统，增强了师生和校友对校园文化的认同感。这种认同感不仅仅是对历史的敬仰，更是对高校文化价值、精神内涵和社会影响力的全面认同。档案文化通过其独特的形式和内容，潜移默化地影响着校园内外的文化氛围，推动着校园文化认同感的形成与深化。

（一）高校档案文化作为历史记忆的存储与传承

高校档案文化最核心的作用在于其对高校历史记忆的存储与传承。档案文化通过保存校园建设、重大事件、知名校友、学术成果等多方面的历史记录，塑造了校园文化的集体记忆。无论是新生、在校师生，还是校友，档案文化都能够帮助他们了解并回顾高校的历史发展历程，形成对校园文化的情感认同。

通过高校档案馆的展示与传播，校园历史中的重要事件和人物被铭刻在校园文化中，并以生动的方式展现给受众。例如，高校的创校史、学科发展的历程、教师和学生在学术

上取得的成就等，都是校园历史中不可或缺的一部分。这些档案资料的展示，不仅帮助新一代学生了解校园历史的根基，也增强了他们对学校文化的归属感与认同感。对于校友而言，档案文化是连接他们与母校的重要纽带，通过档案，他们得以回忆在校时的生活与学术成就，从而增强了对校园文化的持续认同。

档案文化的历史记忆不仅限于书面资料，还通过实物、影像等多元化的形式保存与展示。通过这些形式，历史不再是抽象的概念，而是可以被真实感知的。档案文化的存储和传承功能，使得校园文化得以延续和更新，帮助不同年代的师生形成共同的文化记忆，这种共同记忆是校园文化认同感的重要来源。

（二）档案文化在校园精神传承中的作用

高校档案文化不仅记录了历史，还通过其内容传承了高校的精神内涵。高校精神是一所学校在长期发展过程中形成的独特气质和价值观，包括学术精神、创新精神、求真精神等。这些精神在校园文化认同感的塑造中具有重要作用，而档案文化则是承载并传播这些精神的关键媒介。

通过档案文化的展示，校园精神得以代代相传。档案中记载的历史人物、事件、学术成果等，无不体现出高校精神的精髓。无论是校史中的重大贡献者，还是校园生活中的优秀学术活动，这些内容都向当前的师生传递着高校的核心价值观，激励他们继承并发扬这些精神。这种精神传承不仅体现在课堂教学中，还通过档案文化渗透到校园的方方面面，成为塑造校园文化认同感的内在动力。

高校档案文化还通过对校园荣誉的保存与展示，进一步增强了校园精神的传承。例如，通过展示历届杰出校友的事迹与成就，档案文化向当前师生传递出成功的范例和榜样的力量，激发他们为母校争光的使命感与荣誉感。这种精神上的激励增强了师生对高校文化的认同，并在潜移默化中塑造着他们的价值观和行为准则。

（三）档案文化增强校园归属感与凝聚力

校园归属感与凝聚力是校园文化认同感的重要组成部分。高校档案文化通过其对校园历史与文化的记录与展示，增强了师生和校友对学校的归属感和凝聚力。在现代高校中，校园归属感不仅仅是个人对学校的情感依赖，还体现在师生之间、校友之间形成的集体认同与团结。

档案文化通过保存和展示校史，帮助新生快速融入校园文化，增强他们对学校的归属感。新生通过参与校园档案馆的历史展览、阅读校史文献等，可以快速了解学校的历史背景与文化传统，进而增强对学校的认同感。同时，档案文化中记录的历届学生的校园生活、活动和成就，使新生感受到他们正在延续着一段悠久的历史与传统，从而在情感上与学校形成更紧密的联系。

对校友而言，档案文化不仅是记忆的存储，也是情感的纽带。校友通过档案文化的展示，重温在校时的岁月与经历，这种重温不仅加强了他们对学校的情感认同，还激发了他们对母校的支持与贡献。档案文化通过记录和展示校友的成就与贡献，强化了他们的集体认同感和自豪感。这种归属感与凝聚力不仅有助于校友的个人发展，还为学校的发展提供了重要的社会支持。

（四）档案文化对校园文化价值观的塑造

高校档案文化在校园文化认同感的塑造中，还起到了文化价值观引导的作用。档案文化不仅是对历史的记录，更是一种文化价值观的表达与传递。通过对历史事件的选择性记录与展示，档案文化塑造了校园的主流文化价值观，并影响着师生对学校文化的认同。

档案文化的展示往往选择了那些具有代表性和教育意义的历史事件与人物，这些内容体现了高校文化价值观的核心内涵。通过这些历史记录，师生可以直观地感受到学校倡导的价值观，如学术自由、追求卓越、社会责任感等。这些价值观的传递，使得师生在潜移默化中接受并认同校园的文化精神，并将这些精神内化为自己的行为准则。

此外，高校档案文化还通过文化活动的组织与策划，进一步强化了校园文化价值观的塑造。例如，档案文化展览、校史讲座、校友分享等活动，不仅是历史的回顾，更是对学校价值观的宣传与弘扬。这些活动通过档案文化的展示，帮助师生理解并认同学校的核心价值观，进而增强了他们对学校文化的认同感。

（五）档案文化在多元化校园文化中的作用

当今社会的多元化背景下，校园文化认同感的塑造变得更加复杂。高校档案文化作为校园文化的记录者与传播者，在多元文化的校园中扮演着重要的调和与引导角色。档案文化不仅记录了主流文化，还保存了校园内不同群体的文化表现与历史，使得校园文化具有更广泛的包容性与多样性。

档案文化在多元化校园文化中的作用，首先体现在对不同文化群体历史与贡献的保存与展示上。高校中不仅有来自不同地区、文化背景的学生，还有不同学科、兴趣团体的文化表现。通过档案文化的记录与保存，这些不同群体的历史与文化得以传承与发扬。这种包容性使得校园文化不仅局限于主流文化，而是体现了多元文化的共存与互补，这种多样化的文化展示，有助于增强各群体对校园文化的认同感。其次，档案文化通过多元文化的展示，促进了校园文化的包容与交流。在一个多元文化共存的校园中，不同文化背景的师生通过档案文化了解彼此的历史与文化，增强了他们之间的理解与尊重。这种文化交流不仅有助于塑造校园的多元文化氛围，还增强了校园文化的凝聚力与认同感。在这种多元文化的背景下，档案文化成为了连接不同文化群体的重要桥梁，推动着校园内外文化的交流与融合。

第六章

高校档案文化建设的实践路径

第一节 高校档案文化建设新思维

一、以学生为中心的档案文化建设

（一）学生参与机制的建立

以学生为中心的档案文化建设首先需要建立有效的参与机制。高校应通过制定鼓励学生参与的政策和措施，确保学生在档案文化建设中能够发挥积极作用。设立档案文化社团不仅能够激发学生的主动性，还能赋予他们组织活动的权力。通过这种自主性，学生能够根据自身兴趣和需求设计活动，从而使档案文化更具吸引力和参与性。此外，鼓励学生在社团中担任不同角色，能够提升他们的领导能力和团队合作意识。定期召开社团会议，征求学生对档案文化建设的意见，确保活动的可持续性和针对性。

（二）档案教育与意识培养

提升学生对档案文化的认知，教育是关键。在新生入学教育中，可以将档案文化的基本概念和重要性融入课程，让新生从入学之初就接触到这一文化。通过定期举办档案文化相关的讲座和工作坊，邀请专业人士为学生讲解档案的功能和价值，能够有效激发学生的兴趣。同时，高校应开设选修课程，涵盖档案管理和文化研究，促使学生更深入地理解档案与社会、历史的关系。通过理论与实践相结合的方式，提升学生的文化素养，增强其对档案文化的认同感和责任感。

（三）学生反馈与需求调研

了解学生的需求是高校档案文化建设的必要环节。定期开展满意度调查，收集学生对档案服务的反馈，可以帮助高校识别现有服务的不足之处。高校还可以采用多种形式的调研方法，如问卷、访谈和焦点小组讨论，深入了解学生对档案文化活动的期望与建议。通过建立线上反馈平台，鼓励学生在活动结束后提供意见，形成良性的反馈循环。这样不仅提升了档案文化活动的针对性和有效性，还增强了学生参与感，使其在档案文化建设中感受到自身的价值。

（四）服务与支持体系的建设

高校应构建完善的服务与支持体系，以满足学生多样化的需求。提供个性化的档案咨询服务是建设的重要组成部分。通过设置专门的咨询窗口或线上咨询渠道，学生能够在需要时获得专业的指导和帮助。此外，高校还可以开展针对新生和低年级学生的档案管理培训，帮助他们掌握基本的档案使用技能，增强其参与的能力。设立档案资源共享平台，方便学生查阅和使用档案，能够有效提升学生对档案文化的利用率和参与度。通过这些措施，形成一个全方位的支持体系，确保学生在档案文化建设中积极参与。

二、跨学科合作与资源共享

（一）建立跨学科合作机制

高校档案文化建设需要打破学科壁垒，建立跨学科合作机制。通过组建跨学科研究小组，可以促进不同学科之间的交流与合作。各学科的教师和学生可以根据各自的专业背景和研究方向，共同开展档案文化相关的研究项目。例如，文科与理科的结合，能够从不同角度分析档案文化在学术研究中的应用。定期举办跨学科研讨会，分享各自的研究成果与经验，能够促进知识的传播和创新。同时，这种合作模式也为学生提供了一个多元化的学习平台，帮助他们开拓视野，提升综合素质。

（二）资源共享平台的建设

为了实现有效的资源共享，高校需要开发校内档案资源共享系统。该系统可以整合各类档案资源,包括数字档案和实体档案,方便师生进行检索与利用。通过创建统一的档案信息数据库,教师和学生能够轻松获取相关的档案信息,从而提高档案的利用效率。此外,促进与其他高校和档案机构的资源共享,可以扩大档案文化的影响范围。建立跨校合作机制,定期交流和共享档案资源,有助于提升高校的档案文化建设水平。

(三)共同开展研究

高校应鼓励教师与学生共同申请跨学科项目,尤其是与档案文化相关的研究项目。这种合作不仅有助于提升科研水平,也能为学生提供实践机会,培养其科研能力。通过设立联合课题,鼓励跨学科团队合作,能够推动档案文化的深入研究与创新。同时,高校可以支持学生参与国内外的学术交流,提升其学术视野和研究能力。这种共同研究的模式不仅有助于丰富档案文化的内涵,也能提升高校的学术影响力。

(四)文化交流与互动活动

跨学科的文化交流与互动活动是促进档案文化建设的重要途径。高校应定期举办跨学科的文化交流活动,邀请不同专业的师生共同参与,分享各自的文化观点与研究成果。这不仅有助于提高学生的跨文化交际能力,还能促进学科之间的相互理解与支持。开展与地方社区的档案文化交流项目,能够增强高校与社会的联系,提升档案文化在社会中的影响力。通过这些活动,高校能够创造一个开放、多元的文化氛围,激发师生的创新思维和合作意识。

三、数字化与智能化在档案文化建设中的应用

(一)数字化转型的必要性

在当今时代,高校档案的数字化转型成为了不可逆转的潮流。这一趋势的推动,不仅源于技术的飞速发展,更源自对档案管理效率与利用便捷性的迫切需求。数字化,作为这一变革的核心动力,正以其独特的魅力,引领着高校档案管理走向一个新的纪元。

首先,从效率提升的角度来看,数字化无疑为高校档案管理带来了一场革命。传统的档案管理方式依赖于大量的人工操作,不仅耗时耗力,而且容易出错。而数字化技术的引入,则彻底改变了这一现状。通过将实体档案转化为数字格式,高校可以实现档案的快速检索、归档和整理,大大提高了档案管理的效率。同时,数字化还使得档案的存储更加节

省空间，纸质档案的存储空间得到了大幅压缩，为高校节省了大量的物理资源。

此外，数字化还极大地降低了档案损毁的风险。纸质档案容易受到自然环境的影响，如潮湿、虫蛀、火灾等，一旦发生意外，往往会造成无法挽回的损失。而数字化档案则不同，它们以电子形式存储在计算机或云端服务器上，可以轻松地进行备份和恢复，即使原始数据丢失或损坏，也能迅速恢复使用。这种高度的安全性和可靠性，为高校档案的长期保存提供了有力的保障。

更重要的是，数字化档案打破了空间的限制，使得档案资源的利用更加便捷和广泛。在传统模式下，档案的查阅和借阅往往需要亲自前往档案馆或图书馆，这不仅耗费了大量的时间和精力，还限制了档案资源的传播范围。而数字化档案则可以通过网络进行共享和传播，无论身处何地，只要有网络连接，就可以轻松访问所需的档案资料。这种跨越时空的便利性，不仅极大地提高了档案资源的利用效率，还促进了档案文化的广泛传播和深入交流。

为了确保数字化工作的高效推进，高校应积极推进档案数字化建设的步伐。这包括制定科学合理的实施方案和标准体系，明确数字化工作的目标、任务、步骤和要求；加强数字化技术的研发和应用，不断提升数字化档案的质量和管理水平；同时，还要加强数字化档案的安全管理和保密工作，确保档案资源的安全可靠。

（二）智能化技术的应用

智能化技术在档案管理中的应用，为高校档案文化建设带来了新的机遇。通过引入人工智能技术，可以实现对档案信息的自动分类、检索和分析，提升档案管理的智能化水平。此外，利用大数据分析技术，可以对档案的使用情况进行深入分析，帮助高校了解档案的利用需求与趋势，从而优化档案资源配置。高校还可以开发智能档案管理系统，为师生提供更加便捷的档案使用体验。智能化的档案管理不仅提升了工作效率，而且增强了档案服务的个性化和智能化。

（三）数字化档案文化的传播

数字化档案文化的传播方式多样化，使得档案文化的影响力得以扩大。高校可以通过官方网站、社交媒体、移动应用等渠道，向广大师生传播档案文化。通过多媒体技术，如视频、图像和音频，丰富档案文化的表达形式，吸引更多的学生参与和关注。此外，开展在线档案文化活动，如线上讲座、网络展览等，可以提升档案文化的参与度和互动性。数字化传播的优势在于其便捷性和广泛性，使得档案文化能够深入校园的每一个角落。

第二节　高校档案文化建设新要求

一、适应数字化时代的要求

（一）数字档案管理系统的建立

在数字化时代，高校档案文化建设首先需要建立一个完善的数字档案管理系统。这个系统应具备信息采集、存储、检索和共享等核心功能，以应对师生对档案信息多样化的需求。传统的纸质档案管理方式在效率、存储空间和信息检索方面都存在局限，而数字档案系统的建立能够极大提高档案管理的效率。例如，数字档案允许用户通过关键词快速检索相关资料，节省了查找时间，提升了档案利用的便利性。此外，数字化可以将档案资料以多媒体形式呈现，例如视频、音频和图文，丰富档案的表达形式，增强其吸引力和实用性。

（二）安全性与保密性的管理

数字化转型虽然带来了便利，但也引发了信息安全风险。高校需要重视数字档案的安全性和保密性管理，制定严格的安全管理制度。对档案数据的存储、传输和访问进行有效的控制，防止数据泄露和信息滥用至关重要。建立用户权限管理系统，限制不同用户对档案的访问权限，根据实际需求分配访问权限，确保只有授权人员才能访问敏感档案。此外，定期进行安全审计和风险评估，识别潜在的安全隐患，及时采取补救措施，以保护档案的完整性和安全性。

（三）数字档案的标准化建设

标准化是确保数字档案管理高效运作的基础。高校应制定统一的数字档案标准和规范，包括档案的命名、分类、描述和存储格式等，确保档案信息的一致性和可比性。通过标准化建设，能够提高档案管理的专业性，便于不同部门和单位之间的协作与资源共享。此外，标准化的数字档案也有助于未来档案的长期保存和维护，确保档案信息能够在不同技术环境中持续可用。

二、强化档案文化的参与性

（一）学生参与机制的建立

高校档案文化建设应注重增强学生的参与性，建立有效的学生参与机制至关重要。通过制定鼓励学生参与的政策和措施，确保他们在档案文化活动中能够发挥积极作用。例如，设立档案文化社团，激发学生的主动性，让他们根据自身兴趣和需求组织多样化的文化活动。学生可以在社团中担任不同角色，提升他们的领导能力和团队合作意识。此外，定期召开社团会议，征求学生对档案文化建设的意见，确保活动的可持续性和针对性。

（二）档案教育与意识的培养

提升学生对档案文化的认知，教育是关键。高校应将档案文化的基本概念和重要性融入新生入学教育中，让新生从入学之初就接触到这一文化。此外，开设档案文化相关的选修课程，可以进一步引导学生深入了解档案的价值与功能。通过讲座、工作坊等形式，邀请专家学者与学生进行面对面的交流，提高学生对档案文化的重视程度，培养他们的文化自信。

（三）学生反馈与需求调研

档案作为记录学校历史、传承学术精神的重要载体，其文化的建设与推广直接关系到学校的文化底蕴与学术氛围。因此，定期而深入地开展学生对档案服务的满意度调查，不仅是对学生主体地位的尊重，更是推动档案文化建设向纵深发展的必要手段。

学生的需求是多元化的，既有对档案内容的需求，又有对服务方式的需求。因此，在设计满意度调查时，应充分考虑这些因素，通过科学合理的问卷设计，全面收集学生的反馈意见。例如，可以询问学生对档案内容的满意度、对档案查询流程的便捷性评价、对档案工作人员的服务态度评价等。同时，还可以采用开放性问题，鼓励学生提出具体的改进建议，以便高校更精准地识别现有服务的不足之处。在收集到学生的反馈后，高校应高度重视，认真梳理分析，找出问题所在，并制定出切实可行的改进措施。这一过程中，可以借鉴其他高校的成功经验，也可以邀请专家学者进行论证指导。例如，针对学生对档案内容更新速度不满意的反馈，高校可以加大投入，优化馆藏结构，加快数字化进程，使更多的珍贵档案得以快速呈现给学生。针对学生对档案查询流程烦琐的抱怨，高校可以引入先进的技术手段，如人脸识别、二维码扫描等，简化查询流程，提高查询效率。

（四）增强参与活动的多样性

为了吸引更多的学生参与，高校档案文化活动应具备多样性。可以组织丰富多彩的档案文化活动，如档案知识竞赛、档案文化主题展览等，增强活动的趣味性和互动性。同时，鼓励学生自主策划和组织活动，让他们在参与中发挥创意，增强归属感。高校还可以通过线上线下相结合的方式，扩大活动的覆盖面，吸引更多学生参与。

三、增强档案文化的传播力与影响力

（一）利用新媒体技术推广档案文化

在信息传播迅速的今天，高校应利用新媒体技术提升档案文化的传播力与影响力。通过建立档案文化官方网站、微信公众号和社交媒体平台，向广大师生传播档案文化的理念和活动信息。这些平台不仅可以发布档案相关的新闻和活动通知，还能分享档案文化的研究成果与精彩故事，吸引更多师生关注与参与。通过生动有趣的内容展示，增强档案文化的吸引力，使其更易于被接受和传播。

（二）开展多层次的档案文化宣传活动

为了进一步提升档案文化的传播力与感染力，高校应当采取多层次、多维度的宣传活动策略，将档案文化的魅力渗透到校园的每一个角落，使之成为师生心中不可或缺的文化瑰宝。

首先，开展档案文化月活动无疑是增强档案文化影响力的有效途径。此类活动不仅集中展示了档案资源，而且深入挖掘并广泛传播了档案文化的深厚内涵。在筹备期间，高校可邀请杰出的档案学者、历史学家等专家，围绕档案文化的历史根源、时代意义、保护与应用等议题，开展一系列内容丰富、形式生动的讲座。这些讲座不仅为师生提供了知识的盛宴，还激发了他们对档案文化的好奇心和求知欲，促使他们更加积极地探索档案文化。

同时，档案展览亦是档案文化月活动的重要组成部分。高校应充分利用其档案资源，结合时代特色与校园文化，策划一系列主题突出、内容充实、形式多样的展览。展览内容可包括历史档案、名人档案、校史档案等，通过图文结合、实物展示、多媒体互动等多种手段，使师生在参观过程中仿佛穿越时空，亲身体验档案背后的故事与情感。此外，高校亦可邀请师生参与展览的策划与设计工作，以实践的方式加深他们对档案文化的理解与认同。

除讲座与展览外，互动体验同样是提升档案文化影响力的关键手段。高校可设立档案体验区，提供给师生亲手接触档案、操作档案管理系统、参与档案修复等实践机会。这些互动体验使师生更直观地感受到档案文化的魅力，增强他们的参与感和成就感，从而进一步激发他们对档案文化的兴趣和热爱。

此外，高校还应积极鼓励师生参与档案文化的宣传与推广工作。通过成立档案文化社团、举办档案文化主题征文、摄影、微电影创作等活动，引导师生以多样化的方式展现档案文化的独特魅力。同时，高校亦可利用校园网、微信公众号等新媒体平台，定期发布档案文化相关的资讯与动态，以扩大档案文化的传播范围和影响力。

（三）建立档案文化品牌

高校档案不仅是学校历史的见证者，更是文化积淀的宝库，蕴含着丰富的学术价值、教育意义和社会影响力。因此，高校应不遗余力地致力于构建并推广独具特色的档案文化品牌，以此来弘扬学校精神，提升文化软实力。

1. 精心策划，打造特色档案文化活动

高校在构建档案文化品牌时，需注重活动的策划与创新。通过深入挖掘学校历史资源，结合时代特色，精心策划一系列具有鲜明特色的档案文化活动与项目。例如，可以举办档案展览，展示学校发展历程中的重要事件、杰出人物和珍贵文物，让师生在参观中感受学校的辉煌历史与深厚底蕴；也可以开展档案讲座，邀请专家学者就档案文化进行解读与分享，拓宽师生的知识视野；还可以组织档案知识竞赛、征文比赛等活动，激发师生对档案文化的兴趣与热情。这些活动不仅能够丰富校园文化生活，还能够形成独特的文化标识，提高档案文化的知名度与影响力。

2. 强化宣传，提升档案文化知名度

在构建档案文化品牌的过程中，宣传工作是不可或缺的环节。高校应充分利用各种宣传渠道和平台，如校园网、微信公众号、校报校刊等，对档案文化活动进行广泛宣传报道。同时，还可以借助媒体力量，邀请主流媒体对学校的档案文化品牌进行采访报道，扩大其社会影响力。此外，高校还可以积极参与国内外档案文化交流与合作活动，展示学校的档案文化成果与特色，提升学校的国际知名度和美誉度。

3. 深化内涵，增强档案文化归属感

档案文化品牌的构建与推广不仅仅是为了提高知名度与影响力，更重要的是要增强师生对档案文化的归属感与认同感。因此，高校在构建档案文化品牌时，应注重挖掘档案文

化的内涵与价值，将其融入学校的办学理念、育人目标和校园文化建设中。通过举办档案文化节、开设档案文化课程、编写档案文化教材等方式，让师生在参与中深入了解档案文化的历史渊源、发展脉络和现实意义，从而增强对档案文化的认同感和归属感。

第三节　高校档案文化建设的创新路径

一、数字化转型与智能化管理

（一）高校档案数字化转型的新路径

1. 构建全面的数字档案管理系统

在高校档案的数字化转型过程中，构建一个全面的数字档案管理系统是基础与核心。这一系统应涵盖档案的采集、存储、管理、检索和利用等各个环节，确保档案信息的高效流转与安全管理。首先，数字档案管理系统的设计需要充分考虑用户需求，采用友好的界面和直观的操作流程，降低用户的学习成本。系统应支持多种格式的档案存储，包括文本、图片、音频和视频，以满足不同档案类型的管理要求。其次，系统的安全性与稳定性同样至关重要。高校需采取多层次的安全防护措施，包括数据加密、权限管理和定期备份，防止数据丢失或泄露。通过建立完善的用户权限管理体系，确保不同用户能够根据其角色访问相应的档案资源，维护档案信息的机密性和完整性。此外，系统应具备良好的扩展性，能够随着高校档案管理需求的变化而不断升级和优化。

2. 数据标准化与信息互通

在数字化转型过程中，数据标准化是确保档案信息高效管理和利用的关键。高校应制定统一的档案数据标准，涵盖档案的分类、命名、描述和编码等内容。这不仅有助于提高档案信息的一致性和可比性，也为后续的数据共享与互通打下坚实基础。例如，在档案的命名规范上，应采用统一的格式和规则，以便于后续的检索和管理。

信息互通同样是实现数字化转型的重要环节。高校应积极推动与其他高校、研究机构及社会机构的数据共享，构建多层次的档案信息共享平台。通过建立跨机构的档案资源共享机制，不仅能够提高档案的利用率，还能促进学术交流与合作。高校可以借助API接口等技术手段，实现与外部系统的数据对接，提升档案信息的流动性和可用性。

（二）智能化管理在高校档案中的应用

1.人工智能在档案管理中的作用

人工智能（AI）技术在高校档案管理中具有广泛的应用前景。首先，AI可以通过自然语言处理技术，帮助用户实现更为精准的档案检索。传统的检索方式往往依赖于关键词匹配，而AI可以理解用户的查询意图，提供更为智能的检索结果。例如，通过语义分析，AI可以识别用户提问的核心内容，从而推荐相关的档案资料，提升信息获取的效率。其次，AI还可以用于档案的自动分类与归档。通过机器学习算法，系统能够根据档案的内容和特征，自动将其归入相应的分类中。这一过程不仅提高了档案管理的效率，还减少了人工操作的失误。同时，AI的应用还能够帮助高校建立智能化的档案管理平台，实现档案的自动化管理与智能化服务。

2.智能化检索与智能推荐系统

智能化检索是高校档案管理中AI应用的重要组成部分。传统检索系统往往面临关键词匹配不足的问题，而智能检索则能够基于用户的历史行为和偏好，进行个性化的推荐。通过分析用户的检索记录，系统可以为其推送相关的档案资料，提高用户的查找效率。

智能推荐系统还可以结合大数据分析技术，分析用户的行为模式，识别潜在的需求。高校可以通过这些技术，建立一个智能化的档案服务平台，为师生提供更加精准和个性化的档案信息服务。这不仅能够提升用户体验，还能够提高档案资源的利用率，推动档案文化的传播与发展。

（三）档案数字化转型的实施策略

1.规划与设计阶段的策略

在档案数字化转型的实施过程中，科学合理的规划与设计是成功的关键。高校应首先进行现状评估，全面分析现有档案管理的流程、资源和技术水平，明确转型的目标与需求。在此基础上，制订详细的实施计划，明确各阶段的任务和时间节点，确保各项工作有序推进。其次，规划阶段需要广泛征求各方意见，包括档案管理人员、教师和学生的建议，以确保转型方案的全面性和可行性。通过召开座谈会、问卷调查等方式，收集不同利益相关者的反馈，充分考虑他们的需求和期望，以确保数字化转型的顺利实施。

2. 技术选择与平台搭建

技术选择是档案数字化转型中的关键环节。高校需根据自身的需求和现有条件，选择合适的技术方案和平台。在选择时，应考虑系统的稳定性、可扩展性和兼容性，以确保能够支持未来的升级与扩展。此外，结合云计算、大数据和人工智能等新兴技术，能够有效提升档案管理的智能化水平。

在平台搭建过程中，建议高校采用模块化设计的思路，将各个功能模块分开，便于后续的维护与更新。同时，构建一个用户友好的界面，确保不同用户能够方便地使用系统。此外，系统上线前应进行充分的测试，确保其稳定性和可靠性，以避免因技术问题影响正常使用。

3. 培训与用户支持

培训与用户支持是确保档案数字化转型成功的保障。高校应制订系统的培训计划，为各类用户提供专业的培训课程，帮助他们熟悉新系统的操作和使用。同时，培训内容应根据不同用户的需求进行分类，针对档案管理人员、教师和学生提供不同的培训方案，以确保每个用户都能高效使用新系统。

此外，高校应建立完善的用户支持机制，为用户提供技术咨询和帮助。通过设立专门的技术支持团队，及时解决用户在使用过程中遇到的问题，能够有效提升用户体验，增强用户对数字档案系统的满意度。同时，可以通过建立在线帮助中心、FAQ和用户手册等形式，提供常见问题的解答和操作指南，以方便用户查阅。

二、跨学科合作与资源共享

（一）高校档案跨学科合作的具体路径

1. 建立跨学科档案研究团队

（1）团队的组成应涵盖多个学科的专业人员，包括档案学、信息管理、历史学、社会学和计算机科学等领域的专家。这样的团队结构能够确保多样化的视角和丰富的知识储备，从而为档案管理和利用提供更为全面的解决方案。此外，跨学科团队成员之间的相互交流和学习有助于打破学科壁垒，促进知识的交叉融合，激发创新思维。

（2）建立明确的研究目标和方向。团队应根据高校的实际需求和社会发展趋势，确定档案管理与利用的重点研究领域。例如，可以针对高校档案资源的数字化转型、信息共享机制或档案文化建设等方面进行深入研究。通过设定具体的研究任务，团队可以更加聚焦于解决实际问题，提升研究成果的应用价值和实用性。

（3）跨学科团队的沟通与协作机制。高校应制定相应的管理制度和沟通流程，确保团队成员之间能够高效、顺畅地交流信息。定期召开会议，讨论研究进展和遇到的问题，有助于及时调整研究方向和策略。此外，利用现代信息技术工具，如在线协作平台和项目管理软件，可以进一步提升团队的协作效率，确保信息的及时共享和反馈。

（4）跨学科团队的成果评估与激励机制。高校应建立科学的评估体系，定期对团队的研究成果进行评估，鼓励成员积极参与。此外，适当的激励措施，如科研经费的支持、学术成果的奖励等，可以激发团队成员的积极性和创造力，促进高质量研究的产出。

2. 促进不同学科间的信息共享

（1）高校应建立统一的信息共享平台。该平台应具备强大的数据存储和管理能力，能够支持多种格式的档案信息，并提供简便的检索功能，以满足不同学科的需求。通过这一平台，各学科的研究者能够方便地获取所需的档案资料，降低了信息获取的难度，提高了研究的效率。

（2）信息共享平台的安全性和隐私保护机制。高校需采取有效措施，确保共享信息的安全性和机密性。建立用户权限管理系统，限制不同用户对档案信息的访问权限，确保敏感信息仅对授权人员开放。此外，定期进行系统的安全审计和风险评估，以识别潜在的安全隐患，并及时采取相应措施，保护档案信息的完整性。

（3）推动跨学科的信息共享还需加强学术交流与合作。高校应鼓励不同学科的研究者共同参与学术活动，如研讨会、论坛等，通过交流和讨论促进信息共享。定期举办跨学科的学术活动，可以增强各学科之间的互动与联系，培养合作意识，为信息共享提供良好的氛围。

3. 开展跨学科的档案文化活动

（1）高校应组织多样化的档案文化活动，如展览、讲座和工作坊，吸引来自不同学科的师生参与。这些活动不仅能够展示档案的价值和意义，还能促进对档案的深度理解与应用。通过多种形式的活动，师生可以共同探讨档案在各学科研究中的重要作用，激发合作的热情。

（2）档案文化活动应注重主题的多样性和包容性。高校可以围绕社会热点、历史事件、文化传承等主题组织活动，使各学科的研究者能够结合自身的研究领域进行讨论和分享。通过多元化的主题设置，能够促进跨学科的知识交流，增强活动的吸引力和参与度。

（3）活动的评估与反馈机制。高校应定期收集参与者的反馈意见，评估活动的效果和影响。通过总结经验与教训，不断优化活动的内容与形式，提高档案文化活动的质量和吸引力，确保活动能够持续推进跨学科合作与资源共享的目标。

（二）高校档案资源共享的机制与模式

1. 资源共享平台的建设

资源共享平台应具备强大的技术支撑，能够实现档案资源的集中管理与分布式访问。通过采用云计算技术，可以实现大规模数据的存储与处理，确保资源的高可用性与可靠性。此外，平台应具备良好的用户体验，提供简便的搜索与检索功能，使用户能够快速找到所需的档案信息，提升资源的利用效率。

（1）资源共享平台的内容建设。高校应积极推动各学科的档案资源入驻平台，包括历史档案、科研成果、课程材料等多种类型的档案信息。通过丰富平台的内容，能够满足不同学科和领域的研究需求，吸引更多的用户参与资源共享。此外，定期更新和维护平台内容，确保档案信息的及时性和准确性，也是平台建设的重要环节。

（2）资源共享平台的安全管理措施。高校需建立完善的安全管理制度，确保共享档案的安全性与机密性。通过设置用户权限管理和访问控制，限制不同用户对档案的访问权限，防止数据泄露和滥用。同时，定期进行安全审计和风险评估，以识别潜在的安全隐患，并采取相应的技术手段进行防护，确保档案信息的安全。

（3）资源共享平台的推广与宣传。高校应通过多种渠道宣传共享平台的功能与价值，包括校园公告、社交媒体和学术活动等，吸引师生积极使用平台。通过有效的宣传策略，提升共享平台的知名度与影响力，促进资源的广泛利用。

2. 共享机制的法律与政策支持

共享机制的法律与政策支持是推动高校档案资源共享的重要保障。高校应根据国家相关法律法规，制定适合自身的档案资源共享政策，明确共享的目标、原则和操作流程。这些政策应涵盖档案的获取、使用、保护和共享等方面，为资源共享提供法律依据和政策支持。通过健全的政策体系，能够有效促进各部门之间的合作，推动资源的有效利用。

（1）政策的透明性和可操作性至关重要。高校应确保共享政策的公开与透明，便于各相关方了解共享机制的具体要求和流程。同时，政策应具备可操作性，提供清晰的指导原则和实施细则，降低实施过程中的障碍和困难。通过简化审批流程、明确责任分工，能够有效提升资源共享的效率，确保共享机制的顺利运行。

（2）针对跨学科合作中的知识产权问题，高校应制定相应的知识产权保护措施。确保在资源共享过程中，知识产权得到合理的保护，避免因信息共享导致的法律纠纷。通过加强知识产权意识的宣传和培训，提升师生的知识产权保护意识，确保在共享资源合法合规。

（3）高校应积极推动政策的评估与调整机制。定期对共享政策的实施效果进行评估，收集各方反馈意见，发现政策执行中的问题并进行及时调整。通过不断优化和完善共享政策，能够更好地适应快速变化的学术环境，促进高校档案资源的有效共享与利用。

3.档案资源共享的案例分析

进行档案资源共享的案例分析能够为高校提供可借鉴的实践经验。通过分析成功的案例，可以识别出有效的资源共享模式和策略。这些案例往往涉及多方合作、资源整合和利益共享的良好实践，为高校档案资源的共享提供了参考。例如，在某高校，通过与当地博物馆和图书馆的合作，建立了一个综合的档案资源共享平台，实现了不同机构之间的信息互通，极大地提升了档案资源的利用率。

案例分析能够帮助高校识别在资源共享过程中可能面临的挑战和风险。通过对失败案例的分析，可以总结出资源共享过程中存在的问题，例如权限管理不当、缺乏有效的沟通机制等。这些教训为高校在实施资源共享时提供了警示，促使高校在设计共享机制时更加谨慎，提前制定应对措施，降低潜在风险。成功案例的推广和宣传能够增强师生对档案资源共享的信心和参与积极性，通过举办案例分享会、撰写案例研究报告等方式，将成功的共享经验传播到校园中，可以激发更多师生主动参与档案资源的共享与利用。有效的案例宣传还可以吸引外部资源的支持，为高校的档案资源共享提供更多的机会与可能。

高校应结合自身的实际情况，对成功案例进行适当的本土化改造。尽管成功案例提供了宝贵的经验，但不同高校的资源、需求和文化背景各异，因此在实施过程中需要根据实际情况进行调整和优化。通过创新思维与灵活策略的结合，制定出符合自身特点的档案资源共享模式，以实现最佳的共享效果。

三、学生参与与服务导向

（一）学生参与的形式与途径

1.学生志愿者与档案管理

学生志愿者在高校档案管理中发挥着重要作用。他们不仅能够提供额外的人力资源，还能通过自身的视角和需求，帮助改进档案管理的流程。

（1）学生志愿者的参与有助于减轻档案管理人员的工作负担。档案管理通常需要大量的文书工作和数据录入，志愿者可以承担基础的档案整理、分类和数字化工作，使专业人员能够将更多时间用于复杂的管理和分析任务。

（2）学生志愿者能够带来新的思维和创新。年轻人的视角与专业人士的经验相结合，能够激发新的想法和改进措施。志愿者往往对现代技术的运用更加熟悉，他们可以协助在档案管理中引入新的数字工具和平台，提升档案的可访问性和互动性。同时，志愿者的参与也为档案管理带来了新鲜的活力，增强了团队的凝聚力和创新能力。

（3）学生志愿者的参与能够促进其个人能力的发展。在档案管理中，志愿者不仅能够获得实践经验，还可以提高其组织能力、沟通能力和团队合作能力。这些技能对他们未来的职业发展是非常有益的。此外，志愿者还可以通过参与档案文化活动，增强对档案价值和意义的理解，从而培养对文化遗产的认同感和责任感。

2. 开展档案文化活动与课程

开展档案文化活动与课程是促进学生参与的重要途径。这些活动不仅可以增强学生对档案的认识与理解，还能激发他们的参与热情。

（1）高校应定期组织档案文化节、展览和讲座等活动，邀请学生参与。这类活动能够通过互动体验加深学生对档案的兴趣，增强他们的文化自信与认同感。同时，活动中还可以设置互动环节，例如问答、讨论和现场体验，提升学生的参与感和归属感。

（2）将档案文化纳入课程体系也是一种有效的学生参与方式。高校可以开设与档案管理相关的课程，教授学生档案的历史、管理和技术应用等内容。这些课程不仅帮助学生掌握理论知识，还可以通过实践项目、案例分析等形式，让学生在实际操作中学习和应用。此外，课程中可以邀请专业人士举办讲座或互动，增强学生对专业领域的理解。

（3）跨学科的合作能够丰富档案文化活动的内涵。高校可以与其他学科合作，如历史、社会学和信息技术等，开展综合性项目。这种跨学科的合作不仅能吸引更多学生参与，还能为他们提供更广泛的视角和知识背景，提升活动的深度与广度。此外，跨学科项目的设计也可以鼓励学生进行多角度的思考与探讨，培养其综合素养和创新能力。

（4）反馈机制的建立对于优化档案文化活动和课程至关重要。高校应在活动结束后收集学生的反馈与建议，了解其需求与期望。通过持续的反馈与改进，能够确保活动的质量与吸引力，进而提高学生的参与度和满意度。这种循环机制不仅提升了活动的效果，也为学生提供了更多参与的机会与空间。

（二）服务导向在档案文化建设中的实践

1. 档案服务的需求分析

在档案文化建设中，进行服务需求分析是提升服务质量与用户满意度的关键步骤。

首先，应深入了解师生对档案服务的基本需求，包括档案的查询、使用和保存等方面。通过问卷调查、访谈等形式收集师生的意见与建议，能够全面掌握他们对档案服务的期望。这种需求分析为后续服务的优化和提升提供了重要依据，确保档案服务能够精准满足用户的实际需求。其次，需求分析还应关注不同群体的差异性。高校中的师生背景、专业及年级各不相同，因此对档案服务的需求也会有所不同。例如，研究生可能更关注学术资源的深度和广度，而本科生则可能更倾向于基础信息的获取。通过分析这些差异，能够制定更具针对性的服务策略，确保不同用户群体都能获得满意的服务体验。这种个性化的服务方式不仅能提升用户的满意度，还能增强档案文化的吸引力和影响力。需求分析也应考虑技术进步对服务需求的影响。随着信息技术的快速发展，用户对档案服务的期望不断提高。他们希望能够通过网络平台便捷地获取档案信息，享受在线咨询与服务。因此，及时跟踪技术发展动态，了解最新的用户需求变化，有助于高校档案管理部门在服务提供上保持与时俱进，提升整体服务水平。最后，基于需求分析的结果，高校应制定切实可行的服务改进方案。这些方案应明确服务的目标、内容和实施步骤，并设定相应的评估标准，以便后续跟踪和调整。通过不断优化服务内容和流程，能够确保档案服务的质量持续提升，增强用户对档案文化的认同感与参与感。

2. 个人化服务与用户体验提升

个人化服务在高校档案文化建设中起着至关重要的作用。通过建立用户档案，能够实现对用户信息的精准管理，进而为每位用户提供个性化的服务体验。高校档案部门可以根据用户的历史查询记录、使用偏好等信息，定制相关服务内容和推荐。这样的个性化服务不仅能提升用户的满意度，还能增强他们对档案文化的归属感与参与感。

（1）提升用户体验的关键在于简化服务流程。通过优化档案查询和使用的流程，使其更为高效和便捷，可以有效降低用户的使用门槛。高校档案部门应采用用户友好的界面设计，确保信息的易查找和易获取。同时，可以提供多渠道的服务支持，如在线咨询、电话咨询和自助服务终端等，满足不同用户的需求。这种多样化的服务方式，使得用户能够根据自己的习惯选择最适合的服务渠道，从而提升整体的使用体验。

（2）用户体验的提升还需注重服务反馈机制的建立。高校档案管理部门应定期收集用户对服务的反馈，了解用户在使用过程中遇到的问题与困难。通过建立有效的反馈渠道，如在线调查、意见箱等，能够让用户感受到自身意见被重视。此外，及时根据反馈结果进行调整和优化，能够进一步提升用户的满意度，使档案服务更具人性化和针对性。

（3）持续培训档案管理人员也是提升用户体验的重要环节。高校应定期组织相关培训，提高档案管理人员的专业能力与服务意识，确保他们能够为用户提供高质量的服务。通过提升服务人员的素养和能力，可以有效增强用户对档案服务的信任感，进而促进档案文化的深入发展。

3. 服务导向的评价体系与反馈

服务导向的评价体系是评估档案文化建设成效的重要工具，建立科学合理的评价指标体系，有助于全面反映档案服务的质量与效果。这些指标应包括服务效率、用户满意度、服务覆盖率等多个方面，通过量化的方式为评估提供依据。高校可以利用问卷调查、数据分析等方法，收集用户对档案服务的评价信息，以便进行深入分析与总结。

（1）定期进行服务质量评估是确保档案服务持续改进的重要措施。高校档案管理部门应设定定期评估的时间节点，针对不同服务项目进行系统评估。评估结果可以为服务改进提供依据，发现问题并及时调整服务内容与流程。此外，评估报告应向全体师生公开，增加透明度，让用户感受到档案管理部门对服务质量的重视与责任。

（2）建立有效的用户反馈机制，有助于增强档案服务的针对性与适应性。高校应鼓励用户主动反馈对档案服务的意见和建议，通过多渠道收集信息，确保不同声音都能被听到。及时响应用户的反馈，展示档案管理部门对用户意见的重视，可以提高用户的参与感与满意度，促进其对档案文化的认同与支持。

四、社区合作与社会服务

（一）高校与社区的合作模式

1. 合作平台的建立与发展

高校与社区的合作平台是推动档案文化建设的重要基础。建立合作平台需要明确双方的目标和愿景。高校可以通过与社区的深入沟通，了解社区的需求，制定符合双方利益的合作框架。这一框架不仅涵盖档案文化的传播与共享，还应包括资源的整合与利用。明确的目标能够增强合作的针对性，确保合作的有效性与可持续性。

（1）合作平台的技术支持。高校应利用现代信息技术，建立一个功能完善的在线平台，使得档案资源的获取、分享与交流变得更加便捷。该平台可以集成多种功能，如档案检索、在线展示、互动讨论等，促进高校与社区之间的信息流动。同时，定期更新和维护平台内容，确保其信息的时效性与准确性，使得用户能够获取到最新的档案信息与活动动态。

（2）建立有效的管理机制。高校与社区在合作过程中，应明确各自的角色与责任，制定相应的管理制度和操作流程。通过设立专门的协调小组，定期召开会议，评估合作的进展与效果，及时解决出现的问题。这种管理机制不仅有助于增强双方的合作信任，还能提升合作的效率与质量。

（3）评价与反馈机制。高校与社区应共同制定评价指标，定期对合作成果进行评估。通过收集参与者的反馈，了解合作活动的效果和影响，及时调整合作策略。这种持续的反馈与改进过程，能够确保平台的长久活力和适应性，进而推动档案文化建设的深入发展。

2. 资源共享机制的构建

资源共享机制是实现高校与社区有效合作的重要环节。构建资源共享机制需要充分评估双方的资源状况。高校拥有丰富的档案资源和专业知识，而社区则可以提供广泛的受众基础和参与机会。通过对各自资源的评估，双方可以明确哪些资源能够进行共享，进而制订具体的合作计划。

（1）明确共享的内容与方式。高校与社区在资源共享时，应根据实际情况，明确共享的档案类型和形式。例如，可以共享历史文献、影像资料、数字化档案等，确保这些资源能够满足社区的实际需求。同时，明确共享的方式，包括线上共享与线下活动的结合，以提高资源利用的效率和效果。

（2）建立合理的管理与使用规范。高校与社区应共同制定资源共享的管理制度，明确资源的使用权限、责任和维护要求。这不仅有助于保障共享资源的安全与完整性，还能提高使用者对资源的重视程度，避免不当使用或损坏。此外，建立透明的使用反馈机制，使得资源的使用情况可以被追踪和评估，促进资源的合理流动。

（3）提供技术支持。高校应利用信息技术，搭建资源共享平台，使得社区能够方便地访问和利用档案资源。通过先进的数字化手段，可以将纸质档案转化为电子版，提高档案的可访问性和传播性。同时，利用社交媒体等新兴渠道，扩大资源共享的影响力和覆盖面，吸引更多社区成员的参与与关注。

3. 共同开展文化活动与项目

开展文化活动能够有效增强双方的互动与交流。高校可以与社区共同策划和组织各类文化活动，如档案展览、讲座和研讨会等。这些活动不仅能够提升社区居民对档案文化的认知，还能增强高校与社区之间的联系，促进文化的相互传播。

（1）文化活动的多样性。高校应根据社区的特点和需求，设计丰富多彩的文化活动。例如，可以围绕当地历史和文化主题，组织社区居民参与的档案故事分享会，鼓励他们分享自己的历史故事和经验。这种形式的活动，不仅增强了社区居民的参与感，还能为档案资源的丰富提供新的视角。

（2）文化活动的宣传与推广。高校与社区在合作开展文化活动时，应制定详细的宣传策略，通过各种渠道吸引更多参与者。可以利用社交媒体、社区公告、海报等多种形式进行宣传，提高活动的知名度和参与度。同时，通过及时的反馈与总结，评估活动的效果，为未来的活动提供参考与改进方向。

（3）最后，活动的后续跟进与成果分享。高校与社区应在活动结束后，及时对活动进行评估与总结，记录参与者的反馈与建议。这些信息不仅能够为后续的活动提供参考，还能帮助双方及时调整合作策略，优化活动内容与形式。此外，将活动成果进行展示与分享，能够进一步扩大活动的影响力，吸引更多的社区成员关注和参与档案文化建设。

（二）档案文化在社会服务中的应用

1. 社会服务需求的分析

进行社会服务需求的分析，可以帮助高校更好地理解社区的实际需求和问题。通过调研社区居民的意见和建议，了解他们对档案文化的认知、期望和实际需求。这种需求分析不仅为档案服务的设计与实施提供了基础数据，还能确保服务内容的针对性和实用性。

首先，社会服务需求的分析应关注不同群体的特性。社区是一个多元化的环境，不同年龄、性别和文化背景的居民对档案文化的需求可能存在显著差异。因此，高校在进行需求分析时，应细分目标群体，针对不同群体的特点，制定相应的服务方案。例如，青少年可能对互动性和趣味性有更高的要求，而老年人则可能更关注历史和文化的传承。

其次，需求分析还应考虑社会环境的变化和发展趋势。随着社会的发展，社区的需求也在不断变化。高校应关注社会热点问题、文化趋势和科技发展对档案文化的影响，从而及时调整服务内容，确保档案服务能够与时俱进，满足社区的实际需要。同时，通过与社区组织和社会服务机构的合作，获取更多的信息和反馈，增强需求分析的全面性和准确性。

最后，需求分析的结果应成为高校制定档案服务计划的重要依据。在充分理解社区需求的基础上，高校可以制定更具针对性的档案服务项目，以满足不同群体的需要。这种服务计划不仅能提升档案文化在社会服务中的应用效果，还能增强社区居民的参与感和归属感，促进社会和谐与文化认同。

2. 档案资源的社会化利用

社会化利用意味着将高校所拥有的档案资源开放给社区，满足其文化需求。通过对档案资源的整理和数字化处理，可以将其转化为适合公众使用的形式。开放档案资源不仅可以增加其使用率，还能为社区居民提供丰富的历史文化资料，增强他们对本地文化的认同感。

首先，社会化利用应注重档案资源的多样化和可接触性。高校在开放档案资源时，应考虑不同用户的需求和使用习惯，确保资源的可用性和易访问性。这可以通过建立在线档案平台、开展线下展览等多种方式实现，满足不同受众的需求。同时，提供详细的档案说明和使用指导，帮助用户更好地理解和使用档案资源，提高其利用效果。

其次，社会化利用的过程应重视与社区的互动与交流。高校可以通过举办档案讲座、工作坊等形式，邀请社区居民参与档案的研究和讨论。这不仅能够提升社区对档案文化的兴趣，还能促进档案资源的多元化解读与使用。通过建立档案文化的互动平台，促进居民之间的交流，增强社区的凝聚力与文化认同。

最后，评估档案资源社会化利用的效果也是不可或缺的环节。高校应定期对社会化利用的情况进行评估，收集用户的反馈与建议。这些信息不仅有助于了解资源的使用情况，还能为后续的资源管理与服务优化提供依据。通过持续的评估与改进，确保档案资源的社会化利用能够更好地服务于社区的文化发展与社会服务。

第四节　高校档案文化建设的评价体系

一、高校档案文化评价体系的构建

1. 评价指标的选择与设计

在构建高校档案文化评价体系时，首先需要明确评价指标的选择与设计。评价指标应综合反映高校档案文化的多维度特性，包括档案管理水平、文化传承能力、师生参与度和社会影响力等方面。首先，档案管理水平可以通过档案的分类、存储、检索和利用效率等指标进行评估，这些因素直接影响档案的可及性和使用效果。其次，文化传承能力是评价档案文化建设是否成功的关键指标，需考察高校在传统文化、历史沿革、校训精神等方面的表达与传递。此外，师生参与度也是一个重要的评价维度，需评估师生在档案文化活动中的参与情况，如档案展览、文化活动和讲座等，以此了解档案文化对师生的吸引力和影响力。最后，社会影响力则可以通过高校档案文化在社会公众中的认知度、参与度及评价反馈等指标来体现。这些指标的选择和设计应考虑到高校的具体特点和文化背景，使评价体系具备针对性和科学性。

在设计评价指标时，还需遵循科学性、可操作性、全面性和系统性的原则。科学性要求评价指标的设定必须基于理论基础和实证研究，确保其可信度和有效性；可操作性则强调指标在实际评估中的可测量性和易用性，以便于高校在实际操作中灵活应用；全面性要求覆盖档案文化建设的各个方面，不留盲点，以反映整体情况；系统性则意味着各指标之间应形成有机联系，构成完整的评价体系。此外，评价指标还应具备动态调整的能力，以适应高校发展和档案文化变化的需要。随着高校档案文化的不断演进，评价指标也需定期审视和修订，以保持其时代性和适应性。

2. 评价方法与工具的应用

在确定评价指标后，下一步是选择合适的评价方法与工具，以便于实施有效的评价。常用的评价方法包括定量评价与定性评价的结合、问卷调查、访谈、案例分析和专家评估等。定量评价可以通过构建数学模型、制定评分标准等方式，对各项指标进行量化分析，以便于进行横向和纵向的比较。这种方法的优势在于其客观性和精确性，有助于发现档案文化建设中的具体问题和不足之处。而定性评价则侧重于对档案文化建设过程中所涉及的文化内涵、价值观和理念的深入分析，通常通过访谈、开放性问卷等方式进行，旨在获取更加丰富和全面的信息，帮助理解定量数据背后的原因和意义。

在工具应用方面，现代信息技术的迅速发展为高校档案文化评价提供了新的手段。可以利用数据分析软件对评价数据进行统计分析，生成可视化图表，从而提高评价的直观性和可读性。此外，信息管理系统也可以用于档案管理与评价，提供实时数据支持，使评价过程更加高效和便捷。同时，建立档案文化建设的数据库，记录各类活动、成果及其反馈信息，可以为后续的评价和决策提供重要依据。结合线上平台进行数据收集和意见反馈，也能够提升师生参与的积极性和便利性，进而增强评价的有效性和代表性。

在实际操作中，需根据高校的具体情况和资源条件灵活选择适合的评价方法与工具。无论采用何种方式，评价过程中的信息采集、数据分析和结果反馈都应确保透明和公正，以提高各方对评价结果的信任度。此外，评价的结果应及时与相关部门和人员沟通，以便于根据反馈进行改进与调整，推动档案文化建设的持续优化。通过科学合理的评价方法与工具的应用，高校能够建立一个动态、有效的档案文化评价体系，为提升档案文化水平提供坚实的基础。

二、高校档案文化建设的影响因素

1.内部因素分析

高校档案文化建设受到多种内部因素的影响，这些因素从组织结构、管理模式、人员素质、资源配置等方面对档案文化的发展起着关键作用。

（1）组织结构。高校的档案管理机构和部门设置会直接决定档案工作的有效性和协同性。若组织结构合理，能够促进信息流通和部门之间的合作，那么档案文化建设就会更为顺畅。反之，如果组织架构松散、职责不清，必然导致档案管理工作效率低下，进而影响档案文化的传播和传承。

（2）管理模式。有效的管理模式能够促进档案的系统化管理，使其在收集、保存、利用等环节中形成良性循环。传统的管理模式往往存在信息孤岛和流程烦琐的问题，而现代化的数字化管理模式则能够提升档案利用效率，增加档案文化的可及性和影响力。因此，高校在构建档案文化时，应根据自身特点，选择适合的管理模式，以确保档案管理的科学性和高效性。

（3）人员素质。高校档案管理人员的专业素养和工作态度直接影响档案文化的建设质量。档案管理人员需要具备扎实的专业知识、良好的沟通能力和服务意识，以更好地满足师生对档案文化的需求。加强对档案管理人员的培训和职业发展支持，能够有效提升其综合素质，进而推动档案文化建设的深入发展。

（4）资源配置。高校的档案文化建设需要充足的人力、财力和物力支持。资金的投入决定了档案管理系统的建设、文化活动的开展以及设施设备的更新换代。如果资源配置不足，档案文化建设的各项活动将受到制约，无法形成良好的文化氛围。因此，高校应重视资源的合理配置，确保档案文化建设所需的各类资源有所保障。

2.外部环境的影响

外部环境对高校档案文化建设的影响不可忽视，这包括政策法规、社会需求、技术发展和文化氛围等多个方面。

（1）政策法规。国家和地方政府的相关政策、法律法规对高校档案管理和文化建设提供了基本的规范和指导。例如，国家对档案管理的法律法规明确了档案保存期限、利用权限等，这为高校档案文化的健康发展奠定了法律基础。同时，高校应积极响应政策的变化，调整自身的档案管理和文化建设策略，以适应新的政策要求，增强档案文化的合规性。

（2）社会需求。随着社会信息化程度的提高，公众对档案文化的认知和需求也在不断变化。这种需求不仅体现在对档案利用效率的期望上，还包括对档案文化多样性和参与性的要求。高校档案文化建设需关注社会的反馈与需求变化，积极调整档案服务内容和形式，以提升档案文化的吸引力和影响力，满足师生和社会的期待。

（3）技术发展。数字化、信息化的快速发展，使得档案的管理和传播方式发生了根本性的变革。高校可以利用现代信息技术，建立电子档案管理系统，提升档案的存储、检索和利用效率。与此同时，新技术的应用也要求档案管理人员不断学习和适应，以保持与时俱进。高校需重视技术培训，提升档案管理队伍的技术水平，从而更好地推动档案文化的传播和发展。

（4）文化氛围。高校所处的地域文化、社会风俗以及学术环境等都会影响档案文化的建设。良好的文化氛围能够激发师生对档案文化的认同感和参与热情，促进档案文化活动的开展。因此，高校应重视营造积极向上的文化氛围，通过各种形式的文化活动，增强师生对档案文化的参与和支持，推动档案文化的深入发展。

三、优化高校档案文化建设的建议

1. 提升档案管理水平

首先，档案管理人员的专业素养和技能是管理水平的核心。高校应定期组织培训与进修，提升档案管理人员的专业知识和实践能力。通过邀请业内专家举办讲座或研讨，提高档案管理人员对现代档案管理理论和技术的理解，能够帮助他们更好地应对日常管理中的复杂问题。同时，鼓励管理人员参加相关的专业认证和考核，增强他们的职业自信心和专业责任感。

其次，信息技术的应用是提升档案管理水平的重要手段。随着数字化进程的推进，传统的纸质档案管理模式逐渐向数字化和信息化转型。高校应积极引入现代信息管理系统，建立高效的档案管理平台。这不仅可以提高档案存取的效率，还能够提升档案数据的安全性和完整性。通过信息技术的应用，可以实现档案的在线查询、数字化存储和智能化管理，为师生提供更为便捷的档案服务。

再者，标准化管理流程的建立也是提升档案管理水平的重要方面。高校应制定一套完整的档案管理标准和流程，包括档案的收集、整理、保存、利用等各个环节。通过标准化的管理流程，可以减少人为因素对档案管理的影响，提高档案管理的规范性和一致性。同时，定期对管理流程进行评估与修订，确保其适应高校发展的变化与需求。

最后，加强档案文化建设与管理工作的融合。档案管理不仅仅是对资料的整理与保存，更是文化传承和信息传播的重要环节。高校应将档案管理与档案文化建设紧密结合，通过举办各类文化活动，增强档案管理的文化内涵。这种结合不仅能提高档案管理的社会认知度，还能吸引更多师生参与到档案文化建设中来，形成良好的文化氛围。

2. 增强师生的档案文化意识

（1）通过系统的教育与宣传，提升师生对档案文化的认识与理解。高校可以将档案文化纳入课程设置，通过相关课程、讲座和专题活动，增强学生对档案价值的认知。通过讲解档案的历史背景、文化意义以及实际应用，能够使学生认识到档案不仅仅是历史的记录，更是社会发展的重要见证。

（2）鼓励师生参与档案文化活动，增强实践体验。高校应定期举办档案文化活动，如展览、座谈会、工作坊等，邀请师生积极参与。这种参与不仅可以提高师生对档案文化的关注度，还能够增强他们对档案管理工作的认同感。在活动中，通过亲身体验和互动交流，师生能够更深刻地理解档案文化的内涵，激发他们的兴趣和热情。

（3）利用新媒体与多媒体技术进行档案文化的传播与推广。高校可以通过校园网站、社交媒体、电子报刊等多种渠道，发布有关档案文化的文章、视频和音频资料，吸引更多师生的关注。通过生动的多媒体内容，可以使档案文化传播变得更具吸引力和互动性，促进师生的积极参与和深度思考。同时，利用这些技术手段，还能够及时收集师生的反馈意见，进一步改进和优化档案文化建设的内容与形式。

（4）建立档案文化奖励机制，鼓励师生积极参与。高校可以设立档案文化活动的奖励制度，对积极参与的个人或团队给予表彰和奖励。这样的激励措施能够有效提升师生的参与积极性，营造良好的档案文化氛围。此外，定期发布关于档案文化建设的动态和成就，增强师生的认同感与归属感，从而推动档案文化的深入发展。

第七章

新媒体技术在高校档案文化建设中的应用

第一节　高校纸质档案的数字化建设

一、数字化档案的演进

随着社会的快速发展，人们对信息的要求越来越高，作为重要信息资源之一的档案正面临着全球信息化浪潮的巨大冲击。原有的手工管理档案的方式已经不能满足人们对档案高效管理和利用的需求，如何借助先进的信息技术，将档案管理从手工方式向数字化方式转变，已经成为人们关心和研究的热点问题。信息技术的发展使得世界的信息传播的方式和速度都发生了改变，当前人们生活在大数据时代下，要充分意识到数据对人们生活的作用，将数字化融入我国的档案管理，提高我国的档案管理水平。

档案信息化就是利用现代信息技术，对档案信息资源进行数字化管理和提供利用。这使档案管理模式发生转变，从档案实体的保管和利用，转向档案信息的数字化存储和提供服务。因此，档案管理数字化对优化管理者知识结构、队伍结构，提高管理者素质，促进现代管理技术应用，保护原纸质档案和改善其利用方式等方面有着特殊意义。首先，其优化了管理者知识结构和队伍结构；其次，其促进现代管理技术应用，提高了工作效率；再次，其有效保护了原纸质档案，改善了利用方式。

（一）古代的数字化档案

历经燧人氏钻木取火、伏羲氏结网捕鱼、神农氏种植五谷等，历经语言记录符号——文字的产生，历经国家、阶级、文明的产生，档案最终成为人类语言及活动的记录。负责档案材料与档案管理的职位首次出现于夏朝，而甲骨档案是我国公认的最早用文字记录的档案，是在殷商统治者占卜活动中和其他政务活动中形成的文字记录，其内容涉及政治、经济、军事、社会生活等各个领域。

到了周朝，专为记事铭文而铸就的青铜器出现。这种具有史书性质的青铜器铭文称为"金文档案"，是王和各级阶级贵族的重要记事档案，是西周王朝整个统治阶级活动的记载。历史发展到春秋战国时期，各国的档案往往由"大史""左史"等史官掌管，这时期已经出现正式负责管理档案的专职官员。为了巩固和加强中央集权，秦朝推行"书同文字"、统一政令，档案统一存放于中央，由御史大夫管理，这有利于档案的保管和利用。两汉时期对档案的政策主要是收集、保存和利用，同时对于史官的才能、出身和知识都有硬性规定。在两汉最杰出的就是史官会利用档案进行编辑活动，其代表作就是著名的《史记》和《汉书》。

魏晋南北朝时期，中国又进入动荡战乱时代。在中央，档案工作形成中书、门下、尚书三省分治的中枢系统，建立了中央文书档案的工作系统。随着国家的统一，政治、经济、文化繁荣昌盛，档案管理工作在隋唐时代有了新的发展，产生了专门保管人事档案的"甲历""甲库"，其管理人员称为"甲库令史"。《唐六典》就是玄宗时史官利用各种官府档案文件修成的。

宋元明清时期，我国档案管理工作发展更为迅速。宋代的文书工作制度日益完善，以法律的形式加以约束，文书和档案工作也有了初步分工，两方面的工作都有了较大发展。宋代的档案工作机构中，有"事中""中书舍人""翰林学士""司谏""录事""主事""令史""书令史"等档案官员。司马光以大量档案材料为依据，编写了著名的古代编年史——《资治通鉴》。这部从战国到五代1300多年的编年体通史具有很高的史料价值。元朝基本上继承了宋朝的档案管理制度，在中央一级政府机构设立"架阁库"。

明代的文书工作制度日趋健全，档案工作机构的设置也由分散趋于统一。明朝建立了在中国档案史上规模空前的专门档案库——后湖黄册库，用于保管全国赋役档案。清朝建立后，档案管理在仿照明朝旧制的基础上采取了恢复和发展措施，中央各部院衙门陆续建立"架阁库"来掌守档案，官员均由满人充任并严格规定员额。

鸦片战争以后，外国资本主义入侵，随之带来的外文外交档案，以及工业技术、交通技术、电邮电讯的引进，电报、照片、影片档案与日俱增，形成了我国初步的科技档案。民国时期国民党政府为了提高行政效率和改革档案管理，推行了"文书档案连续法"，统一分类、统一编号、统一登记。

（二）现代的数字化档案

中华人民共和国成立以来，党和政府从各方面支持和重视档案工作的开展，把档案事业的建设列入各级领导机关的议事日程，积极发展档案事业，到20世纪80年代中后期，国家规模的档案事业在我国形成。尤其《中华人民共和国档案法》实施以来，广大档案工作者依据《中华人民共和国档案法》，依法治档，取得了可喜的成绩：档案工作管理体制逐步健全，形成了统一领导、分级负责的管理体制；档案法规和规章制度逐步建立并完善，做到有法可依、有章可循；档案设施不断完善、更新，为社会主义经济建设发挥了极其重要的作用。

以载体为特点的档案发展的历史主要从商代的甲骨档案开始，之后又出现了青铜铭文档案、简牍档案、金石档案、缣帛档案等，后来一直到今天使用最多的纸张档案。近现代以来，由于科技的发展，档案载体种类日渐增多，档案的形式也日渐增多，出现了大量以胶片、磁性材料及光盘为载体的档案。

近年来，计算机应用和网络技术发展迅猛，办公自动化这种新型的工作模式逐步取代了原来的纸质办公，新型的电子文件替代了堆积如山的纸质文件。目前，我国证券系统、银行系统及世界电子商务的迅猛发展使得电子档案的可靠性得到认可。现行合同法中规定"包括电报、电传、传真、电子数据交换和电子邮"在内的数据、电文都属于合同的书面形式的条款。

2005年4月1日，国家颁布并实施了《电子签名法》。在这个法规中，电子档案被赋予了同纸质档案相等的法律地位。纵观我国档案事业的发展演变史可见，档案是历代统治者行使政治统治权力的重要工具，对国家政权的巩固和文化、学术的发展繁荣起到了必要的推动作用。档案事业发展的历史也是人类文化发展繁荣的历史。与此同时，我国的档案管理工作也正在面临着严峻的挑战和激烈的竞争，档案管理体制必将逐步改革，各种档案管理也会涌现出新情况和新问题，也存有较大的发展机遇和空间。

近些年来，随着经济市场的不断发展，查询档案的人越来越多，对于档案馆来说，单凭计算机类的存储和查找的原始管理模式，已不适应现代化管理的步伐，更不能满足档案利用者的需求。据了解，交通运输部门的一些直属机构已经将各种配套的设备仪器投入使用，将各种资料广泛地进行扫描录入，大大地提高了工作的效率，减少了档案馆工作的负担，也更好地为利用者提供了方便。数字化档案管理体系可以使资源得到充分的共享。因此，各单位建立办公自动化系统，建立信息一体化的数字化档案信息管理体系是当务之急。

总之，由于起步较晚，数字化档案管理体系仍然处于初级阶段。数字化档案信息资源管理是一种新式的档案管理手段，尚处于摸索阶段，没有成熟的经验可以借鉴，在管理过程中不可避免地会出现一些问题。所以，要想提高数字化档案信息资源的管理效益，就要深入分析目前数字化档案信息资源管理存在的问题，并制定相应的解决措施，通过细化管理制度和创新管理手段实现提高数字化档案信息资源管理效益的目的。

2000年，国家档案局在《全国档案事业发展"十五"计划》中明确规定"加快现有档案的数字化进程，在北京、天津、辽宁、陕西、青岛等地开展档案工作应用数字化和网络化技术的试点"。在这一方针的指导下，我国很多地方已经开始了档案数字化的理论与实践研究。

二、数字化档案的含义

关于数字化，有很多种解释。比如，数字化是将用模拟方式记录的信息转换成以0和1序列表示的数字化信息。又如，扫描仪用来数字化图片，而声音是通过抽样处理完成数字化的。

数字化是将物理变量的模拟量以数字形式表示或表现，以方便数据的处理和传输的过程。它是通过将模拟量的信号采样、量化成离散的数字完成的。通信系统中的数字化通常是将语音或图像信号转变为二进制码。实际上，任何形式的信息在计算机能接受它们之前都要被数字化。

把模拟信号离散成数字信号的变换叫作数字化。例如，采用电荷耦合器件摄像机获取视觉信号。它们的输出是模拟量的全电视信号。要把这种信号送到计算机的帧存储器，进行数字化。

关于数字化档案，国内最早提及"数字化档案"的文献是1986年洛克里奇、张春艳在《国际地震动态》上发表的《美国全国地球物理资料中心的自然灾害活动》一文。

国内最早对"数字化档案"下定义的是邹悦。2005年，他在《数字档案资源建设中的著作权问题研究》一文中认为："数字化档案指的是传统档案数字化后形成的数字化形式的档案。"此外，郑重认为："数字化档案是指由办公自动化形成的电子文件归档后形成的电子档案。"并指出："它从形成开始，就是数字形式。"李殿环则认为："数字化档案来源包括两个部分，一部分是随着政府信息化的进程，网络化办公与无纸化办公的出现，各机构生成大量的电子文件，电子文件归档后作为电子档案存储在档案馆。另一部分就是馆藏的纸质档案、照片、胶片等传统档案利用数据库技术、数据压缩技术、高速扫描技术等技术手段转化为数字化的信息。"

数字化档案包含两部分：一是信息化的进程，办公自动化的出现大量的档案生成电子文件，然后对生成的电子文件进行归档存储；二是档案文件利用网络数据库技术，将纸质的档案文件进行扫描、压缩形成数字化的档案。所以，笔者认为数字化档案是纸质档案进行电子文件归档后的一种表现形式，并不是真正的档案。

对于数字化档案的定义差别比较大，有认为是"电子文件归档"后的产物，有认为是"传统档案数字化后形成的数字化形式的档案"，还有认为前两者都是的。数字化档案就是档案数字化过程中的产物，档案数字化过程是由档案管理部门主动对所藏档案进行的数字化加工，而在这个由档案管理部门主动做的档案数字化过程中并不产生新的档案（数字档案），数字化档案的产生完全由档案管理部门掌控，数字化档案仅是档案数字形式的复制品。而且档案数字化不是简单地把档案扫描成图片，数字化档案也并非电子图片。总之，档案数字化和档案信息化等问题还需要进一步探讨。

三、数字化档案的管理

为了适应社会发展的需要与不同行业的需求，数字化档案管理系统通过运用计算机及网络技术，结合大型数据库系统实现对文书档案、科技档案、照片档案、声像档案、实物档案、人事档案和财务档案等的数字化管理，并且对数字化档案数据进行全面管理，实现与用户办公自动化系统的无缝连接。

（一）数字化档案管理的定义

江佩琼在《档案数字化管理面临的难题及应对策略研究》一文中，将数字化档案管理定义为，对于任何组织、团体、国家来说，档案都是非常重要的，因为档案记录了这些团体、组织、国家在不同时间里所进行的各种活动，包括文化活动、宗教活动、政治活动等，这些活动在进行的同时也会以图片、文字等形式保留下来，而这些历史的信息记录对其未来的发展作用也是非常大的。档案对于文化的传承、历史的记录意义重大，所以必须对档案进行合理的分类及科学的管理，只有这样才能让档案发挥最大的作用，发挥其应有的功能。

数字化档案管理是指将各种原始档案资料，通过扫描、压缩、转化等手段转换成图片、声音和影像文件，再运用存储技术将图片和索引字段存储于光盘库、磁带库等大容量的存储介质上，并通过各种查询手段迅速地检索出所需资料，发布到局域网、广域网、企业内部网、国际互联网，最终实现"数字化档案"管理网络的档案管理技术。

（二）数字化档案管理的内容

数字化档案管理的内容包括数字化档案的收集、保管、利用等档案工作的基本环节，以及各项规章制度的制定。数字化档案的收集工作体系，要求采用文档一体化管理方式。数字化文件和档案的一体化管理是数字化档案归档管理的根本方式。数字化档案的收集主要通过计算机网络管理来完成。只需各单位文书处理人员在完成本单位形成的电子文件后，通过网络再转发一份到档案馆即可。由于数字化档案载体的特殊性，档案存放方式由档案柜架变为用数字存储器及光、磁盘存储，极小空间可存放大量的数字文件。档案信息安全主要包括数字档案设备安全和信息安全两方面。档案资源数据格式的统一是资源网络化的保障条件。统一的数据格式和标准是档案信息网上归档和用户调阅的基础，也是实现网上档案资源高度共享的基础。档案信息利用必须规范化、标准化，搞好标准化，才有现代化，这是经过实践取得的重要经验。提高档案信息安全的措施有：建立有纸化和无纸化结合的信息库；访问控制，保证计算机网络系统运行安全；做好数据库备份工作，保证信息安全；预防病毒，防止网络系统遭受侵害；制定计算机系统安全保护制度，确保网络系统安全运行。

数字化档案管理系统是一个电子信息的仓库，能够存储大量各种形式的信息，用户可以通过网络方便地访问它。具体地说，它主要是实现三个方面的应用，即数字化档案管理信息系统数据库、档案万维网站点群静态页面存储和提供多媒体教学资源的储存和点播。

数字化档案管理体系由档案信息综合管理系统和网络信息共享系统两大部分组成。其中，档案信息综合管理系统由数字化处理子系统、档案信息管理子系统、信息服务子系统及数据库管理子系统组成；网络信息共享系统则由信息发布子系统和万维网管理子系统组成。整体来说，数字化档案管理体系是以现代信息技术为基础，以档案信息为核心内容，依靠先进、高效、便捷的开发模式，面向多层次、多用户的标准、安全、有序的分布式档案信息资源管理系统。

从数字化的对象来看，档案数字化的内容主要包括以下两个方面：一是对原有馆藏纸质档案进行数字化，即将原有传统载体的档案通过扫描、加工和处理，进行数字化转换；二是对正在形成的电子文件进行及时归档与保存，做到电子文档的齐全完整、真实有效。

从数字化的程度来看，档案数字化的内容分为以下两个层次：一是档案目录信息的数字化，即建立档案目录数据库，严格规范档案信息的著录标引，科学选定档案目录的数据库结构；二是档案全文信息的数字化，即采用扫描录入的方式将档案全文按照原貌逐页存储为图像文件并为其编制目录索引，或是经光学字符识别（OCR）技术识别后采用文本格式存储档案内容，辅之以全文检索数据库。

从数字化的过程来看，档案数字化建设应包括数字化档案的收集整理、存储保管和查阅利用等方面。我们可以通过文件和档案一体化的方式，借助计算机技术及相关信息技术完成数字化档案的收集整理；采用磁盘、光盘等数字存储设备实现数字化档案的存储保管；由计算机及其网络技术实现数字化档案的查阅利用。

数字档案管理构建起来的档案信息存储和查阅结构是由计算机和网络设备构成的，数字档案馆将馆藏有价值的纸质资料，通过动态的计算机技术加以识别、录入、分析、整合成电子信息，用网络形式将信息高度共享，可以集管理、查询、发布、挖掘信息于一体，能够将数字档案馆变成一个名副其实的电子化信息平台和海量资源库。

（三）数字化档案管理的发展趋势

1. 现代化发展趋势

随着技术的不断发展，档案管理也将朝着现代化的方向发展。将大数据技术应用到档案管理的过程中，档案信息资源可以得到更加充分的开发利用，档案管理可以从简单的实体管理（文件节约利用）上升到知识管理（构建新型资源知识服务引擎）。

2. 管理人员专业化发展趋势

我国档案管理将对管理人员提出更高的要求。管理人员逐渐专业化、深入化的发展离不开相关部门的科学引导和有效监控。例如：建立适应专业化形势下的科学激励、考核机制评估体系；建立符合现代化档案特点的竞争机制；推行档案工作人员职务聘任制，实行按需设岗，双向选择，严格考核，加强对档案从业人员的继续教育考核等。

3. 纸质档案管理模式向数字化档案管理形式发展

数字化档案会随着信息化时代的发展越来越普遍，这就要求档案管理从纸质管理向数字化方向发展。档案管理数字化能够提高档案查询、利用效率，更好地保存保护历史珍贵档案资料，实现档案异地备份等。与此同时，应该加强档案数字化管理的措施，如建立档案数字化管理机制，加强电子档案的维护、档案保密工作，以及建设规划标准、加强数据库建设和管理等。

自古以来，人们都是从书本等物理介质中获取知识和信息的。近些年来，随着计算机网络技术、数据库技术、多媒体技术的迅速发展，信息存取方式正面临着深刻的变化。电子存储设备比存储同样信息的纸张和胶片的价格更低，而且更安全、保存时间更长，大量文档的电子存储成为现实。同时，宽带网络、浏览器的出现将在线服务的质量提高到一个全新的水平。各国档案馆都在寻求相适应的现代档案运作模式，以增强自己在网络社会中的竞争力，更好地为社会和读者服务，以期成为社会的公共信息中心和枢纽。在我国，档案馆大部分都已完成档案业务管理自动化建设，未来的重点应该是档案的数字化和网络化建设。

传统的纸质档案载体容量非常有限，而且成本偏高；而数字档案的载体容量很大，可以节约大量成本和档案保存空间。纸质档案一旦遭到破坏，很难恢复；而数字档案具有容易备份的特点，可以通过保留多份备份文件来避免档案受损。在利用纸质档案时，我们通常要翻阅几十卷，甚至几百卷的档案，工作十分繁重；而数字档案在利用过程中，只需利用计算机，就可以在几分钟内检索到所需内容，十分方便。纸质档案只能描述二维的历史记录，无法满足人们在建筑设计、科研等方面的需求；而数字档案却可以利用计算机等先进的工具达到多维的记录要求。

从以上对数字化档案应用与发展形势的解析来看，未来数字化档案必定朝着信息化、网络化、市场化、综合服务型的方向发展。只有不断地加强数字化档案的市场化，才能促进数字化档案技术的开发和革新，提高数字化档案的使用率。从网络信息化技术的发展趋势来看，未来数字化档案必定朝着网络服务与发展共享的方式进行。只有不断地应用新技术，才能不断地拓展数字档案的服务范围和运用领域，才能促进数字化档案真正地发挥其作用和价值。

四、数字时代档案管理的变革与创新

（一）新环境：数字时代的来临

"从20世纪60年代微电子技术开始在生产制造业中得到广泛应用、20世纪80年代初个人计算机出现并迅速普及、20世纪90年代电信技术因为数字化而出现革命性变化，到互联网的出现和爆炸式增长普及，这些彻底改变了人类信息交流的手段和环境，把人类社会带入了信息化时代。"信息化时代，通常也被称为计算机时代或者数字时代。随着信息技术深入到社会生活的每个方面，档案管理也随之迈进"数字时代"。首先，便是引导了"从纸质记录向电子化记录的重大转变"，一贯以纸质为主要载体的档案进入一个崭新的时代，转而以数字的形式被记录、被保存、被传递。档案载体的这种历史性变迁，不仅仅是一场技术革新，更动摇了长期以来沿袭下来的一整套已经相当成熟、稳定的档案工作模式，如何将档案最为原始、神圣的使命和最为先进的数字技术融合起来并完成理念性的革新和管理的创新，已成为当前档案界人士不得不面对的现实问题。

（二）新变革：空间概念的突破

覃兆刿先生的《中国档案事业的传统与现代化》第七章在谈到现代档案职业观时提出了"空间观"的概念，他认为可以从两方面去理解"空间观"："一是档案资源的贮存空间，一是档案工作者的活动空间。"

数字化和网络化则颠覆了原来的空间概念，使得档案管理的空间整体性在内涵、形式上都发生了巨大变化，物理空间、功能定位以及档案信息的记录、保存和传递的方式都面临着全新再造。

1. 馆库形态

传统档案馆的运行依托于实体建筑，大部分工作都局限在档案馆这一物理空间中展开，档案馆与档案馆之间、档案馆与其他信息管理部门之间无法做到资源共享，成为一座座独立性较强的信息孤岛。而在数字化环境中，主要"依赖数字化技术，对传统档案馆馆藏文字、声音、图像等进行数字化，并对这些数字化档案信息进行存储、传输和处理，在网络化环境中被本地和远程用户存取"。并在此基础上"将分散于不同载体、不同地理位置的信息资源通过网络相互连接……成为跨馆、跨地域的分布式信息共享系统"。数字时代的档案管理，实际上打破了有明确物理空间界限的档案馆库的既有形态，建立起了一个无形的信息组织与使用的环境。"使得以往主要以行政管理方式实现的整体性，转变为主要以业务上网络数字档案资源逻辑链接形式实现的整体性。"

2. 馆藏来源

档案馆的传统馆藏主要由纸质档案以及少量缩微品和磁性载体的档案构成，一般通过接收、征集、购买等形式收集而来。数字化背景下的馆藏构成，不仅包括实体的馆藏资源，还包括大量通过馆藏档案的数字转换、电子文件的收集以及网络信息资源的收集和捕获而来的文本、图形、图像、声音、视频等。随着电子文件的大量产生，档案载体形式逐步由纸质一统天下向计算机可以识别的电磁介质转化，文件被大量地存储在光盘、软盘上，磁介质、光介质等将成为数字时代馆藏档案的主要载体形式，呈现出载体形式的丰富性、收集方式的多样性和来源空间的广泛性等特点。这些数字馆藏依托于档案馆的传统馆藏之上，成为档案馆传统馆藏的合理扩充，实现了"物理空间"和"逻辑空间"的巧妙结合。

3. 工作空间

档案馆的传统工作内容基本可以概括为收集、整理、鉴定、保管、统计、检索、编研、利用八大环节。数字化背景下的档案工作内容则有着更为丰富的内涵和更为广阔的工作平台。就工作内容而言，除了完成传统的日常工作之外，还包括利用计算机技术对馆藏重要档案进行数字化，电子文件的接收进馆，网络信息资源的收集、组织、开发等。就工作平台而言，正如国际档案理事会电子文件委员会1997年制订的《电子文件管理指南》（草案）所说的要在"文件形成前采取行动"，为了确保电子文件的内容、结构、背景三位一体的完整性，需要档案部门运用"前端控制"和"全程管理"的思想来"干预"电子文件的设计、指导电子文件的管理。实际上是通过档案工作重心的前移，搭建起一个文档一体化的网络平台，从而实现档案工作空间的拓展和延伸。

4. 服务阵地

档案馆的传统使用服务工作受到馆库实体的空间限制，使用服务基本局限于档案馆内。随着档案形态逐渐从纸质向数字形式的过渡，档案使用方式逐渐从过去档案实体的传递过渡到档案信息的传递，从过去复杂的手工查找过渡到计算机存储基础上的便捷检索甚至是网络终端的自助服务。技术的革新拓展了传统资源的分布空间和利用空间，有效解决了档案信息的分散性和利用需求的系统性之间的矛盾，大幅缩短了档案信息传递的时间并拉近了档案馆与用户之间的距离。当前，档案部门正在努力建设成为"档案安全保管基地、爱国主义教育基地、档案利用中心、政府信息查阅中心、电子文件中心"（五位一体），以及"覆盖人民群众的档案资源体系、服务人民群众的档案利用体系、确保档案安全保密的档案安全体系"（三个体系）。在网络档案信息资源共享的理念下，档案馆的服务目标将转向更广阔的社会用户，其服务范围以及社会作用空间将得到更大的拓展。

（三）新发展：从平面管理到立体发展

数字时代作为经济全球化这一时代背景的产物，依托于网络社会的崛起，单一的管理思维、简单统一的管理方式、内向封闭的管理文化，已无法满足日益复杂和快速变革的时代需求，如何适应空间观念的根本性变革，在档案管理中引入多元化的发展思路，实现从平面到立体的转变，将会成为数字时代档案管理发展新的突破点和增长点。

1.合作共享——横向联结

"技术的进步要求从分散走向集中、从部分走向整体，从破碎走向整合"，正如"美国、加拿大、澳大利亚、英国等国家将国家档案馆与图书馆、政府新闻网、文件中心、学术团体等有机地结合起来，形成庞大的国家信息资源体系，提供全方位、多功能的在线服务"。数字时代的档案馆建设，不仅仅是自身数字资源的建设，还要求不同地区、不同单位、不同种类信息资源的整合和共享。

一方面档案馆要加快建设以自身数字化资源为主的服务平台，致力于使自身成为区域档案资源共享的重要组成部分；另一方面要克服长期以来各自为政的封闭型管理模式，建立档案信息资源共享机制，包括不同地区同类机构的资源整合，如民生档案的"就近受理、协同出证"；以及不同机构同类资源的整合，如电子政务平台的资源共享。

需要指出的是，当前档案数字化建设缺乏完整、科学的标准体系，相应软硬件设施存在较大差异、相关管理系统缺乏统一标准，导致档案信息资源的互联共享遭遇瓶颈，无法切实发挥信息化的综合效应。因此，"合作共享"的前提必然是加强顶层设计，通过宏观层面的整合和协调，确保数字档案信息资源的互联互通和共享共用，避免重复建设造成的资源浪费。

2.需求互动——双向交流

一般而言，社会对档案信息的需求主要"表现为三个方面的层次需求，即社会科研与技术开发创新层面的档案信息需求、社会管理与生产层面的档案信息需求、社会文化普及与日常生活层面的档案信息需求"。

现代技术的发展为档案利用提供了更为广阔的空间，档案利用的主体、范围、方式以及需求都发生了很大改变，更为明显地呈现出社会化的特点。而传统意义上的档案利用服务属于"阵地式"的服务方式，即停留在"要什么，找什么"的阶段，在"信息"意义上呈现出行为的单向性。随着用户获取信息的能力和范围得到增强和拓展，档案利用需求的逐渐立体化，档案馆更应注重加强档案利用服务的"双向性"和"互动性"，不仅要分析用户的利用行为，也要收集用户的反馈信息，充分了解档案利用需求的发展规律，将有助于用户未来利用趋势的分析预测，提高服务的针对性和有效性，进一步促进对档案的广泛利用，建立起档案部门的长效服务机制。

3.开发利用——纵深挖掘

档案的价值在于利用，而价值在多大程度上得到体现则取决于利用主体，即档案用户利用需求的满足程度，如何创建数字时代档案服务方式不可替代的独特性已成了新时期档案馆面临的重大挑战。

数字时代档案的载体与内容的关系发生了改变，档案管理的重点也从管理实体转变为管理信息内容。在知识管理理念下，档案管理实际经历着一个从"实体管理"到"信息资源管理"到"知识管理"的发展过程，而当前的"档情"仍然处于第一阶段到第二阶段的过渡时期（即从"实体管理"过渡为"信息资源管理"的阶段）。档案部门作为档案信息的终端集聚场所，应加强档案信息资源的纵深挖掘，在传统实体馆藏档案信息资源的建设和开发基础上，在确保档案信息安全的前提下，对海量的数字档案信息进行筛选、组织和整合，充分促进网络环境下档案信息资源的开发与广泛利用，从而最大限度地实现档案价值。

数字时代的档案管理应是传统服务模式上的一种创新和拓展，我们既不能抗拒新技术给档案管理带来的变革，同样又不能放弃对于传统档案管理理论、方法的运用，我们需要踏实做好纸质时代与数字时代的档案管理在理念、方式上的共融与衔接，探索新时期档案管理更为广阔的发展空间。

第二节　档案资源的在线展示与共享

一、档案资源在线展示的概念与意义

（一）档案资源在线展示的定义

档案资源在线展示是指通过数字化技术和网络平台，将档案资源以电子形式展示给公众或特定用户群体的过程。这种展示方式利用互联网的全球覆盖能力，使档案资源能够突破时间与空间的限制，实现广泛传播和便捷访问。档案资源在线展示的核心在于数字化与网络化，数字化是将传统的纸质、音像等档案资料转化为数字文件，而网络化则是通过网络平台将这些数字档案展示出来供公众浏览。通过这一过程，档案资源不仅以可视化形式展现在用户面前，同时也具备了互动性和即时访问的特点。这种展示方式与传统档案展示形式的最大区别在于，它能够提供更加灵活的访问路径，使得档案资源能够更加广泛、便捷地被利用。

（二）在线展示对档案资源利用的推动作用

档案资源在线展示极大地推动了档案资源的利用效率。在传统的档案利用模式中，档案资源的利用往往受到档案馆开放时间、物理空间限制等因素的制约，使用者必须亲自前往档案馆查阅特定的档案资料。而在线展示则通过数字化和网络技术打破了这些限制，使得用户可以在任何时间、任何地点通过互联网访问档案资源。这种便捷的使用方式不仅提高了档案资源的利用率，还增强了档案服务的普及性，满足了更广泛的用户需求。

在线展示的数字化特性使得档案资源的利用更加高效，通过电子检索、分类、排序等功能，用户能够迅速找到所需的档案资料，这比传统的手动查找更加快捷。同时，数字化档案的在线展示使得档案的内容更加易于分享与传播，用户可以通过网络将档案信息传递给其他人，促进了档案资源的二次利用与知识传播。这种利用效率的提升，为档案资源的社会化和大众化传播创造了有利条件，推动了档案资源在文化、教育、科研等多个领域的广泛应用。

（三）档案资源在线展示的社会文化价值

档案资源在线展示具有重要的社会文化价值，它不仅是档案文化传承的重要途径，还为社会公众提供了一个了解历史、文化和社会变迁的窗口。通过在线展示，档案资源能够更好地发挥其教育功能和文化传播作用。档案中蕴含的历史事件、文化遗产、个人和集体的记忆等，通过在线展示得以向公众开放，使更多的人能够接触到这些宝贵的文化资源。对于那些无法亲自前往档案馆的人来说，在线展示为他们提供了一个方便的途径，通过数字化内容的呈现，公众能够更加全面、深入地了解档案资源所承载的社会文化价值。

在线展示还增强了档案文化的传播力与影响力，档案资源在线展示不仅限于本地公众的访问，它能够通过互联网向全球用户开放，使得档案文化的传播不再局限于地域范围内。这种全球化的传播方式，有助于促进文化交流与跨文化理解。档案资源中所包含的历史、文化信息通过在线展示得以广泛传播，不仅帮助保存和传播了文化遗产，还为不同文化之间的对话提供了桥梁，促进了全球范围内的文化理解和认同。

（四）档案资源在线展示对知识传播的推动

档案资源在线展示在知识传播方面具有巨大的推动作用，特别是在教育和科研领域，在线展示为学术研究和教学活动提供了丰富的第一手资料。通过在线展示，研究人员和教育工作者可以更便捷地获取到大量的档案资源，从而拓展他们的研究范围和教学素材。档案中的历史文件、数据记录、文物信息等，都是不可替代的研究资源，而在线展示的便捷性和开放性使得这些资源能够为更多的人所用。这不仅提升了知识传播的广度和深度，还促进了档案资源在学术研究中的应用和创新。

在线展示还推动了档案资源的数字化教育应用。许多教育机构和科研单位通过在线展示平台，将档案资源整合进他们的课程和研究项目中。学生和研究人员可以通过在线平台访问档案资源，进行数据分析、历史研究和文化解读，这为档案资源在知识传播中的作用提供了新的维度。档案资源的开放共享，通过网络的传播渠道，不仅仅是知识的传播过程，同时也是档案资源的再创作和再利用过程，进一步推动了档案资源在现代社会知识体系中的重要性。

二、档案资源在线展示的模式

（一）档案资源的静态展示模式

档案资源的静态展示模式是最基础的在线展示形式，它主要通过数字化的手段将档案以图像、文本等静态形式呈现在用户面前。静态展示模式的核心特点在于其信息传递的直接性和稳定性。通过高质量的扫描或数字化处理，档案馆可以将原始档案的内容、外观以及相关的注释信息进行数字化再现，使用户能够在线上获得与实体档案馆类似的体验。静态展示模式的优势在于，它能够保证档案的原始性和权威性，提供一个相对完整且未经修改的档案展示。这种模式特别适合于文献档案、书信、图片等不需要太多动态表现形式的内容。

然而，静态展示模式也存在一定的局限性。由于它主要是通过文字和图片的形式展示档案内容，缺乏互动性和生动的表达手段，用户的参与感较低。同时，静态展示模式无法提供实时的互动反馈，也限制了用户对档案内容的深入探索。尽管如此，静态展示模式仍然是档案资源在线展示的核心组成部分，尤其在学术研究和历史考证等需要保留档案原貌的场景中，静态展示模式仍然具有不可替代的作用。

（二）档案资源的动态与互动展示

动态与互动展示模式是相较于静态展示更为先进的在线展示形式，它通过引入多媒体技术，如音频、视频、动画、图表等元素，使档案展示更加生动和富有层次感。这种展示模式不仅能够增强档案内容的表现力，还能够提供给用户更多的互动机会。通过互动界面，用户可以根据自己的兴趣选择观看不同的内容或参与虚拟展览，极大地增强了用户的参与感和体验感。动态与互动展示模式能够帮助用户更直观地理解档案内容，尤其是在涉及复杂背景或多层次信息的档案时，这种模式能够通过音像材料或动画展示，帮助用户更好地理解档案的核心信息和历史背景。

此外，互动展示模式还具有教育和传播的双重优势，通过为用户提供动态内容和互动功能，档案展示不再仅仅是信息的单向传递，而成为了一种知识共享和文化传递的互动体验。用户不仅可以观看档案，还可以通过互动模块提交反馈、提问、标注、共享等多种方式参与到档案内容的讨论与传播中。这种动态和互动的展示模式，在档案资源的公众教育、文化普及和信息传播方面具有显著的优势。

（三）档案资源的虚拟现实展示应用

虚拟现实（VR）展示应用是档案资源在线展示模式中的前沿技术，它通过创建一个虚拟的三维空间，将档案资源以沉浸式的方式呈现给用户。虚拟现实展示的核心优势在于，它能够为用户提供一种身临其境的体验，使得档案不再只是静态的文本或图片，而成为用户可以在其中"行走"、探索的虚拟空间。通过VR技术，档案馆可以创建出逼真的场景，用户仿佛亲身进入了历史事件或特定环境中进行参观。这种展示形式特别适合于复杂的历史场景、建筑物档案、艺术品档案等，需要通过空间感和场景还原来展示的档案类型。

虚拟现实展示应用不仅能够提供深度的沉浸式体验，还能够增强档案内容的多感官感知。通过结合声音、视觉，甚至触觉反馈，用户可以更深刻地感受到档案的历史价值和文化意义。此外，VR展示模式还可以通过虚拟重建的方式，修复和再现一些已经消失或受损的历史遗迹、文物和档案。这种技术应用为档案资源的保护和展示提供了新的可能性，使得档案资源的展示形式更加多元化和现代化。

三、档案资源在线共享的实现路径

（一）在线共享平台的构建与管理

档案资源的在线共享平台是档案信息化建设的重要组成部分，其构建与管理直接影响档案资源的利用效率和共享效果。在线共享平台的核心在于为用户提供一个安全、便捷、高效的档案访问和利用环境。平台的构建涉及多个技术和管理层面,包括系统架构设计、数据库管理、安全防护、用户体验设计等多个环节。在系统架构设计中,平台需要具备高效的处理能力和灵活的扩展性,以应对大量用户的并发访问和多样化的档案资源需求。数据库管理则是平台的核心部分,需要保证档案资源的完整性、一致性和高效检索,同时支持多格式、多语言的档案数据存储与调阅。

在线共享平台的管理涉及对档案资源的权限控制、数据更新、用户服务等多方面的管理工作。首先,权限控制是平台管理的重点之一,涉及档案资源的访问权限分级、用户身份验证以及数据隐私保护。合理的权限管理不仅能够保护敏感档案资源,还能够确保档案的合法使用和安全共享。其次,数据更新是平台管理中的持续性工作,档案资源需要定期更新、维护和审核,以确保平台上档案资源的准确性和时效性。最后,用户服务的管理则侧重于为用户提供便捷的访问支持、问题解决和技术帮助,提升用户的使用体验和档案资源利用的满意度。一个成功的在线共享平台不仅需要强大的技术支持,还需要良好的管理机制,以确保平台的持续运营和有效服务。

（二）档案资源的数字化共享机制

档案资源的数字化共享机制是实现档案在线共享的核心路径。数字化共享机制的构建旨在通过数字化技术,将原本分散、孤立的档案资源整合在一个可访问的数字平台上,并通过数据标准化和信息化手段,实现档案资源的高效共享与再利用。首先,数字化共享机制的关键在于档案资源的数字化转换。传统的纸质档案需要经过高精度的扫描、数据录入、元数据标注等步骤转化为电子档案,并按照统一的格式标准进行存储和管理。这种标准化的数字化处理方式,不仅提高了档案资源的利用效率,还为后续的共享和检索提供了便利。

数字化共享机制的另一核心环节是数据的互联互通,通过建立标准化的数据接口和共享协议,档案资源可以在不同的数字平台之间实现互联互通,打破信息孤岛的局限性。这种互联互通的共享机制,使得档案资源能够在不同的档案馆、图书馆、学术机构之间自由流动,为档案信息的传播与利用提供了更多可能性。同时,档案资源的共享机制还需要依赖云计算和大数据技术,通过云端存储与分布式计算,确保档案资源可以在多用户访问的情况下保持高效流畅的操作体验,并为海量档案数据的分析与挖掘提供支持。

因为档案资源通常包含大量具有重要历史、文化和社会价值的内容,档案资源的数字化共享机制还需要考虑数据安全与版权保护问题,在共享过程中,确保数据的完整性、安全性以及合法性至关重要。通过加密技术、权限管理以及数据备份等手段,可以有效防止档案数据的泄露、篡改和丢失。同时，版权保护机制的建立也是数字化共享的重要组成部分，确保档案资源的合法共享和使用，避免侵犯档案持有者或相关利益方的权利。总之，档案资源的数字化共享机制不仅是技术实现的过程，更是管理与安全并重的综合系统，它为档案资源的广泛传播与有效利用提供了坚实的基础。

第三节　多媒体在档案文化中的应用

一、多媒体技术对档案文化的影响

（一）多媒体技术对档案文化传播的深远影响

多媒体技术对档案文化传播的影响是多方面的，尤其体现在传播方式的变革和传播范围的扩大。随着数字化技术的快速发展，多媒体技术为档案文化的展示提供了多样化的形式，包括音频、视频、图像、动画等多种媒介的融合。这种多媒介的融合极大地增强了档案文化的表达力和吸引力，使得档案文化不仅仅局限于传统的文字和纸质材料，而是可以通过更加直观、生动的方式进行传播。这种传播形式的变革打破了时空的限制，使档案文化超越地域界限，传播到全球各地，增强了档案文化的影响力和传播深度。

此外，多媒体技术的应用还使得档案文化的传播过程更加互动和多样化。传统的档案文化传播多为单向传播，即档案管理者将档案展示给公众，公众被动地接受信息。而多媒体技术则赋予了档案文化传播更多的互动性，使公众可以参与到档案的解读、评论、共享等活动中，形成了双向的互动机制。这种互动性的增强不仅提升了公众对档案文化的认同感和参与度，也促进了档案文化传播的深入发展。公众的参与和反馈，使档案文化的传播从单一的信息传递模式转变为多层次、多维度的互动交流模式，从而使档案文化的传播效果得到了质的提升。

（二）多媒体技术对档案文化管理的提升

多媒体技术在档案文化管理中的应用，为档案的整理、保存、检索和利用带来了显著的提升。传统的档案管理多以纸质文件为主，存在着资料易损坏、保存难度大、检索效率低等问题。而多媒体技术的引入为档案管理提供了更加便捷高效的解决方案。通过将档案资料进行数字化处理，档案管理者可以将大量的纸质档案转化为电子档案，并以音频、视频、图片等多种形式进行存储和管理。这不仅大大降低了档案损坏的风险，同时也提高了档案的保存效率和保存周期。

在档案检索方面，多媒体技术也显著提高了档案的利用效率。与传统的档案管理方式相比，多媒体档案的检索更加灵活和高效，利用关键词、标签、时间轴等方式，用户可以快速找到所需的档案资料。同时，档案的展示方式也更加多样化，可以通过图像、视频等方式进行直观展示，增强了档案内容的可视化效果。这种技术的应用大幅提升了档案的利用效率，促进了档案资源的共享和再利用，使档案管理从传统的静态保存转变为动态管理和利用的新模式。

（三）档案文化传承中的多媒体互动性发展

多媒体技术不仅影响了档案文化的传播与管理，还对档案文化的传承起到了积极的推动作用。通过多媒体的互动性发展，档案文化的传承从被动的接受转变为主动的参与，使公众成为档案文化传承的主体之一。多媒体技术的互动性特征体现在多个方面，例如通过虚拟现实（VR）、增强现实（AR）等技术手段，公众可以更加直观和身临其境地体验档案文化。这种沉浸式的体验方式，不仅增强了公众对档案文化的理解和认同，也激发了他们参与档案文化传承的积极性。

多媒体技术还使档案文化的传承方式更加多样化和个性化。借助于社交媒体、移动互联网等技术，公众可以通过多种平台和渠道获取和传播档案文化信息，并在此基础上进行创造性表达和再传播。这种多渠道、多平台的传承模式，打破了传统的单一传承方式，使档案文化在新媒体环境下得到了更加广泛和深远的传播。同时，公众的创造性参与和再传播，也使档案文化在传承过程中得以不断丰富和更新，展现出强大的生命力和创新性。

（四）多媒体技术对档案文化展示的推动

多媒体技术对档案文化的展示方式产生了重要的影响，它改变了以往单一的静态展示模式，为档案文化展示注入了更多的动态和互动元素。传统的档案展示多以静态的文字和图片为主，受限于展示空间和媒介形式，往往难以全面、深入地展现档案文化的内涵。而多媒体技术的应用则为档案文化展示提供了更加丰富和多样的表现形式，通过声音、影像、动画等手段，档案文化得以更加生动地呈现在公众面前。这种动态化的展示方式，不仅增加了档案文化展示的表现力，也增强了公众对档案文化的兴趣和关注度。

多媒体技术还为档案文化展示带来了更多的互动性。通过虚拟展厅、在线展览等形式，公众可以随时随地通过网络平台参观档案展览，并且可以根据自己的兴趣选择观看的内容。这种互动性展示方式，打破了传统展示的空间和时间限制，使档案文化的展示更加灵活和便捷。此外，公众在观看档案展示的过程中，还可以通过留言、评论等方式参与互动，表达自己的见解和感受，从而形成了一个多元化的交流平台。多媒体技术的这种互动性应用，极大地提升了档案文化展示的传播效果和社会影响力。

（五）多媒体技术在档案文化创新中的作用

随着科技的不断进步，多媒体技术的表现形式和技术手段也在不断更新，为档案文化的创新发展注入了新的动力。档案文化的创新不仅体现在表现形式的丰富化上，更体现在内容的创新和表达方式的多样化上。通过多媒体技术，档案文化可以与其他文化形式相结合，进行跨界融合，创造出新的文化形态和表达方式。例如，档案文化可以通过与电影、音乐、游戏等艺术形式的结合，创造出更加生动和具有感染力的文化作品。这种跨界融合的创新方式，使档案文化在新时代下焕发出新的生机和活力。

此外，通过社交媒体、短视频平台等新兴媒体，档案文化可以以更加灵活和创新的方式进行传播，并且可以借助多媒体技术的互动性特征，吸引更多的公众参与到档案文化的创新传播中来。这种创新传播方式，不仅扩大了档案文化的传播范围，也增强了档案文化的社会影响力和文化价值。多媒体技术的这种创新性应用，推动了档案文化在新时代下的创新发展，为档案文化的传承和发展注入了新的活力。

二、多媒体技术在档案保护中的作用

（一）多媒体技术与档案数字化保护

多媒体技术在档案数字化保护中发挥着至关重要的作用，特别是在推动传统档案材料向数字化形式转变的过程中，其应用不仅提高了档案的保护水平，还改变了档案保存和利用的方式。传统的档案保护主要依赖于物理手段，如温湿度控制、光线调节等，虽然这些手段能够延长档案的寿命，但随着时间的推移，纸质、胶片等档案材料依然不可避免地会出现老化、破损等问题。多媒体技术的引入，为档案的保护提供了数字化的解决方案，通过扫描、摄影、影像采集等多种数字化手段，将档案的内容转化为电子文件。这种转化不仅有效减少了对原始档案材料的依赖，还为档案的长期保存奠定了坚实的基础。

在档案的数字化保护过程中，多媒体技术的优势体现在多方面。首先，多媒体技术可以将文字、图片、声音、影像等信息通过数字手段进行高效保存，使得档案的信息更加全面、丰富。数字化保护不仅能够保存档案的原始内容，还能够记录档案的外观、质地等细节信息，使档案的文化价值得到最大化保留。此外，多媒体技术还可以通过对档案内容进行数字化存储，实现档案的在线访问和远程共享，解决了物理档案存储空间不足的问题，同时也为档案的保护和利用提供了更多的灵活性和便利性。

数字化保护不仅增强了档案的可持续性，还为档案的再利用提供了新的可能性。通过多媒体技术对档案进行数字化处理，可以对档案信息进行结构化整理，使得档案的检索和利用更加便捷。同时，多媒体技术还可以对档案内容进行数字化修复，为档案的后续研究和展示提供了更好的条件。这种技术手段的应用，极大提升了档案的保护水平和利用效率，推动了档案保护工作向智能化和现代化方向发展。

（二）档案数字化存储与修复技术

多媒体技术的发展带动了档案数字化存储与修复技术的进步，为档案保护提供了更加先进和高效的技术手段。档案的数字化存储，不仅解决了传统档案保存中存在的物理空间限制和材料老化问题，还通过多媒体技术将档案内容永久性保存于数字空间中。数字化存储的核心在于将档案材料转化为电子数据，通过大数据存储技术将这些电子档案安全、高效地存储在服务器或云端。这种存储方式不受空间和时间的限制，极大提高了档案的存储容量和存储效率。

在档案数字化存储的过程中，多媒体技术不仅能够确保档案内容的完整性和可用性，还可以通过先进的加密技术和数据备份技术，确保档案数据的安全性和保密性。由于档案内容通常涉及重要的历史、文化和社会信息，其安全性尤为重要。多媒体技术通过在存储过程中设置多重安全保障措施，有效防止了数据泄露、篡改和丢失等风险。同时，数字化存储技术还可以通过自动化备份、容灾恢复等手段，确保档案数据在发生意外情况下能够得到及时恢复，保障了档案的安全性和可靠性。

在档案修复方面，多媒体技术同样展现出强大的优势。传统的档案修复主要依赖人工操作，修复过程不仅耗时耗力，还存在一定的技术限制，难以完全恢复档案的原貌。通过数字化修复技术，多媒体技术能够对档案的破损部分进行精准修复，不仅能恢复档案的内容，还可以通过算法预测和智能修补技术还原档案的外观。数字化修复不仅减少了人工修复的失误率，还能够在不影响原始档案的基础上进行修复，最大限度地保持档案的原汁原味。这种修复技术的进步，为档案保护工作提供了更加科学、智能的解决方案。

（三）多媒体技术在档案活化中的实践应用

多媒体技术在档案活化中的实践应用，为档案的保护和利用开辟了新的路径。档案活化是指通过现代技术手段，使原本沉睡在档案馆中的历史资料重新焕发生命力，成为公众文化记忆的重要部分。多媒体技术的应用，使档案活化不再局限于传统的展示手段，而是通过创新的表现形式，将档案内容与现代文化需求相结合，实现档案的"活化"。这一过程不仅提升了档案的文化价值，还促进了档案与公众的互动和交流。

多媒体技术的活化作用，首先体现在档案的展示形式上。通过多媒体手段，档案不再只是以静态的文本和图片形式展现，而是可以通过音频、视频、动画等多种表现形式，使档案内容更加生动、形象。这种动态化的展示方式，能够更好地吸引公众的注意力，增强公众对档案内容的理解和感知。同时，多媒体技术的应用，还使档案展示更加具有沉浸感和互动性。例如，借助虚拟现实（VR）和增强现实（AR）等技术，公众可以通过多感官体验的方式，深入了解档案内容，增强了档案活化的效果。

多媒体技术的应用还促进了档案活化过程中的信息共享与传播。通过数字化和网络技术，档案可以突破时间和空间的限制，实现全球范围内的共享和传播。档案活化不再只是局限于线下展览，而是可以通过网络平台实现在线展示，使更多的人能够接触到这些宝贵的文化遗产。同时，多媒体技术还为档案内容的创意再利用提供了新的可能性。档案的活化不仅是档案内容的展示，更是通过多媒体技术对档案内容进行二次开发，将其融入现代文化作品中，形成新的文化产品。这种创意再利用的方式，不仅拓展了档案的文化价值，还为档案活化提供了可持续发展的动力。

三、多媒体在档案文化传播中的应用模式

（一）档案文化传播中的多媒体技术应用模式

档案文化传播中的多媒体技术应用模式是现代档案学发展的重要领域，它打破了传统单一的纸质档案传播形式，推动了档案文化从静态、局限的传播方式向动态、开放的模式转变。多媒体技术的核心优势在于它能够将文字、图像、音频、视频等多种媒介形式集成在一个平台上，通过多样化的表达手段提升档案文化的传播效果。多媒体技术的这种多维度、多媒介的呈现方式，使得档案文化在传播过程中更加生动和立体，有助于增强受众的参与感和感知力。

在档案文化传播中，多媒体技术主要通过数字平台进行广泛应用，涵盖了数字化展

示、在线档案馆、虚拟展览等形式。这些技术应用模式的创新之处在于，它们突破了传统档案的时空限制，使得档案文化不再局限于档案馆的实体空间，而是能够通过网络和数字平台，向全球范围的受众传播。这种模式不仅扩大了档案文化的传播范围，也为档案资源的共享和利用提供了更多的可能性。

多媒体技术在档案文化传播中的应用模式，还体现在信息的互动性和可视化方面。通过互动设计，档案文化的传播变得更加用户友好，受众可以根据自己的兴趣选择不同的内容进行深入了解。这种互动性增强了档案传播的参与性，促进了受众与档案内容的深度互动。与此同时，多媒体技术的可视化能力通过动画、图表等方式，将复杂的档案内容进行简化和直观呈现，使档案文化的传播更加易于理解和接受。尤其是在教育、科研等领域，多媒体技术的可视化呈现为档案文化的传播和应用提供了更高效的工具，促进了档案文化在知识传播中的广泛应用。

此外，多媒体技术应用模式的持续发展也推动了档案文化的传播形式从单向传播向双向互动演变。传统的档案传播更多是档案管理者将档案内容展示给公众，而现代多媒体技术使得公众不仅是档案的接收者，还可以通过社交媒体、数字平台参与到档案的再创作和再传播中。这种互动和参与的模式，使档案文化传播变得更加民主化和去中心化，极大丰富了档案传播的形式和内容。

（二）数字化档案馆的多媒体建设

数字化档案馆的多媒体建设是档案文化传播现代化的重要体现，它不仅提升了档案馆的管理和服务水平，还为公众提供了更加丰富的文化资源和体验方式。数字化档案馆是通过多媒体技术，将档案馆中的文献、资料、音像等档案资源进行数字化处理，并通过网络平台向公众开放，使得档案资源能够随时随地被查阅和利用。这种多媒体建设的核心是数字化和网络化，它突破了传统档案馆的实体空间局限，使档案资源的利用效率得到了极大提高。

多媒体技术在数字化档案馆的建设中扮演了多重角色，首先是在档案的数字化展示方面。通过多媒体手段，档案资源可以以图像、音频、视频等形式进行展示，增强了档案内容的丰富性和生动性。这种多媒体展示不仅能够为公众提供更为直观的档案内容感知，还能够通过交互式的设计，让公众在体验过程中对档案内容进行深入探索。比如VR和AR技术在数字化档案馆中的应用，使公众可以在虚拟环境中"参观"档案馆，增加了档案传播的趣味性和参与度。其次，数字化档案馆的多媒体建设，还体现在档案管理和服务模式的智能化和多样化。通过多媒体技术，档案馆可以对庞大的档案数据进行智能化管理，实现档案的自动化分类、检索和调阅。这种智能化管理方式，不仅提升了档案馆的工作效率，还为公众提供了更加便捷和高效的档案服务。此外，多媒体技术还为档案馆的服务模式带来了更多的创新，如在线档案服务、数字档案订阅、个性化档案推荐等。这些服务模式的创新，使数字化档案馆能够更加贴近公众需求，增强了档案文化的传播效果。

在档案的保存和保护方面，多媒体技术也发挥了重要作用。通过数字化存储，档案资源得以长久保存，避免了传统纸质档案因老化、损坏而造成的信息丢失问题。此外，多媒体技术还使档案的修复和再利用更加高效。数字化修复技术可以通过图像处理、智能分析等手段，对破损的档案进行精准修复，恢复其原貌，使珍贵的档案资源能够得到永久保存和展示。这种技术手段的应用，为档案文化的保护提供了更加现代化和科学的解决方案。

参考文献

[1]庆汉.信息化视角下的高校档案管理建设与创新[M].哈尔滨：北方文艺出版社，2022.

[2]随凤华.高校设备档案信息化建设研究[M].天津：天津古籍出版社，2023.

[3]李莹.高校档案管理研究[M].郑州：河南人民出版社，2020.

[4]李玉嵩.高校档案建设与校史文化发展研究[M].长春：吉林出版集团股份有限公司，2022.

[5]董晓玲.高校档案管理的理论与实践研究[M].长春：吉林出版集团股份有限公司，2023.

[6]李扬.高校档案管理与信息安全研究[M].北京：北京工业大学出版社，2020.

[7]田亚慧，龚海洁，郝彦革.高校干部人事档案信息化管理研究[M].长春：吉林大学出版
社，2021.

[8]杨玲花.现代档案管理工作与保存策略研究[M].北京：中国纺织出版社，2021.

[9]杨冬权.新时代档案工作新思维[M].上海：上海远东出版社，2022.

[10]张雷洪，王文举.新媒体技术概论[M].北京：文化发展出版社，2021.

[11]赵屹，郭晓云，黄永勤.新媒体环境下网络档案信息检索创新发展研究[M].广州：华南
理工大学出版社，2024.

[12]陈良，黄梦璇，刘昕彤.信息时代高校档案安全管理与创新建设研究[M].北京：中国原
子能出版社，2023.

[13]黄河，叶淑仪，傅爱娟.档案管理与实务分析[M].北京：北京工业大学出版社，2021.

[14]卢捷婷，岑桃，邓丽欢.互联网时代下档案管理与应用开发研究[M].北京：北京工业大
学出版社，2022.

[15]彭德婧，王艾，阴志芳.信息化背景下图书和档案管理创新研究[M].长春：吉林出版集
团股份有限公司，2022.

[16]刘宇.高校档案管理与创新发展研究[M].北京：新华出版社，2022.

[17]周彤.高校档案工作可持续发展探索与实践[M].北京：研究出版社，2021.

[18]沈鸽，吕润宏，薛慧娜.图书馆阅读推广与档案信息管理[M].长春：吉林人民出版社，
2020.

[19]杨阳.大数据背景下高校档案管理研究[M].长春：吉林摄影出版社，2022.